말의 공식

우아하게
내 몫을
챙기는

말 의

공 식

쟈스민 한 지음

ORNADO
토네이도

일러두기

1. 이 책에 등장하는 주요 인명, 지명, 기관명, 상표명 등은 국립국어원 외래어 표기
법을 따르되 일부는 관례에 따라 소리 나는 대로 표기했다. 원문은 인명과 기관명,
설명이 필요한 개념의 경우에만 본문 내 최초 등장에 한해 병기했다.

2. 단행본은《 》, 논문, 언론매체, 영화 등은 〈 〉으로 표기했다. 국내에 소개되지 않은
작품에 한해 원제를 병기했다.

"대화하는 능력이야말로 인간이 이룩한 최고의 업적이다."

_칼 야스퍼스Karl Jaspers

글로벌 코치로 종횡무진하는 저자가 복잡한 대화를 덧셈, 뺄셈, 곱셈, 나눗셈으로 풀어내는 친절한 수학자로 돌아왔다. 이 책을 읽다 보니 "언어의 세상에서 도망칠 수 없다"는 한 철학자의 말씀이 떠올랐다. 이 책에 담긴 설득의 레시피는 말의 숲에서 지벅거리는 사람들에게 지팡이를 쥐여줄 것이다. 말에 휩쓸리지 말고 말의 기둥을 세우고 말의 물줄기를 찾아서 역류하라고 등을 떠미는 저자에게 고마움을 느낀다.

　이 책의 가르침은 단순한 말의 공식이 아니라 관계의 공식, 나아가 삶의 공식이다. 새해가 된 기념으로 새로운 마음을 먹으려는 독자라면 말의 공식을 먹어보길. 나 역시 '적질깊경'을 올해의 모토로 삼았다.

이강란(창신 INC CTO 부사장)

코로나 팬데믹의 영향으로 최근 문명은 시계를 빨리 돌린 듯하다. 급속히 경험을 구성하고 재단해 생산, 판매하고 소비하는 시대에 접어들었고 무형자산에 가격을 매기는 것은 점점 더 익숙한 일이 돼가고 있다. 그 무형자산을 구성하는 뼈대는 무엇일까? 나는 그것이 이야기, 즉 말이라고 생각한다.

금융권을 떠난 후 16년이 넘는 세월 동안 클라우드와 소프트웨어 의사 결정 분야에 종사하며 고민해온 주제는 '어떻게 보이지 않는 무언가에 가격을 매기고 그것을 협상하는가'였다. 고객을 최적화된 경험으로 인도하는 것, 고객의 필요를 가치와 소비 대상으로 바꾸는 것, 이 모든 일의 근간에는 이야기로 정교하게 구조화된 투자와 노력이 있었다.

전 세계의 경력자들이 각축을 다투며 자신의 요구를 관철하고 성과를 이루어냄으로써 존재할 것을 허가받는 싱가포르에서 내가 깨달은 점은 오랜 경력과 뛰어난 실무 역량, 강도 높은 노력만으로는 인정받기 힘들다는 사실이었다. 말만 잘하는 저 사람이 승진을 거듭하고 주목을 받는 이유는 뭘까? 왜 한국인은 (혹은 아시아인은) 그저 유능한 실무자, 노역마 이상이 못 되는 것일까? 과연 영어 실력의 문제인 것일까?

나는 그 해답이 말하는 방식에 있지 않나 짐작한다. 말하는 것이 불미스러운 일이었던 교실에서 벗어나 말해야만 살아남는 기업 전장에 뛰어든 우리는 얼마나 나약한가. 이제 기를 쓰고 말하는 것을 넘어 옳게, 효율적으로, 무엇보다도 영향력 있게 말해야 할 때다. 손 닿는 곳에 두고 자주 펼쳐볼 책을 내어주신 쟈스민 코치님께 감사드린다.

김소연(세일즈포스Salesforce 아시아 지역 본부 이사)

연봉과 승진에 목매는 우리 직장인에게 위로를 뛰어넘어 공감과 해결책을 제시하는 협상 가이드. 경력이 결코 보상으로 직접 연결되는 것은 아니며 커리어를 발전시키려면 내 말의 전달력의 크기를 키워야만 한다는 교훈을 구체적인 사례를 들어 생생하게 보여준다. '나'라는 자원을 최적의 위치에 포지셔닝하고 인상적으로 만들기 위해 반드시 읽고 연습해야 할 인생 레슨.

김인숙(아마존 웹서비스AWS 채널 세일즈 리드)

이 책은 일의 현장에서, 아이를 키우는 과정에서, 삶의 곳곳에서 누군가를 설득하고 원하는 것을 요구하고 그것을 갖기 위해 협상해야 하는 녹록하지 않은 순간을 끊임없이 마주하는 사람들에게 구체적인 해결법을 알려주는 지침서다. 사람에 대한 이해와 통찰, 심리학을 바탕으로 한 이해하기 쉬운 설명, 협상의 핵심 요소와 팁, 누구나 공감할 만한 다양한 사례를 담고 있어 협상은 어려운 것이라는 막연한 선입견을 부숴준다.

이 책은 곁에 두고 말하기 어려운 순간마다 꺼내 읽고 싶은 실천서다. 남녀노소를 불문하고 협상력과 설득력이 필요한 모두에게 적극 추천한다. 말 때문에 힘들었던 당신, 말이라는 도구를 이용하는 방법을 몰랐던 당신도 이 책에서 나처럼 새로운 가능성을 발견할 수 있을 것이다.

박민정(훅스코리아 인사팀장)

쟈스민 코치의 《말의 공식》은 직장인뿐만 아니라 매일 소통과 협상을 하며 일상을 살아가는 우리 모두에게 시원하고 명쾌한 가이드를 제시한다. 이 책을 통해 지난 13년간의 직장 생활을 돌아보며 나를 재점검할 수 있었고 아쉬운 기억에 대한 위로도 받을 수 있었다. 부하 직원, 동료들과의 관계 형성, 회의, 연봉 협상, 외부 거래처와의 미팅같이 중요한 결정을 해야 하는 자리에서의 대화법, 디지털 에티켓 등 이 시대의 직장인이 직면할 수 있는 다양한 어려움을 해결하는 팁이 예시와 함께 잘 설명돼 있어 이 책을 읽고 나니 커리어 전문 코칭을 받은 듯했다. 업무적 협상에서 소통 센스를 성장시키고 싶은 직장인은 물론 일상의 크고 작은 협상에서 주도권을 잡고 싶은 모든 이에게 이 책이 좋은 길잡이가 돼줄 것이다.

박지현(삼성전자 고객 서비스 매니저)

많은 사람이 알고 있듯이 변호사라는 직업은 정말 '아' 다르고 '어' 다른 것에 민감한 직업이다. 예컨대 송무 업무를 진행하는 변호사들은 본인의 고객에게 유리한 쪽으로 계약서를 해석하기 위해서 글을 면밀하게 뜯어본다. 나처럼 M&A 팀에 있는 변호사들은 기업 간의 약속이 담겨 있는 계약서를 누가 읽어도 똑같이 이해할 수 있도록 정확한 언어를 사용해 작성하려 노력한다. 여기서 사람들이 잘 모르는 것은 이 지루하고 딱딱해 보이는 일들이 사실 끊임없이 치열한 협상의 연속이라는 것이다.

이런 일을 주로 하는 나에게 이 책은 정말 흥미로웠다. 협상장에서 실제로 사용하는 기술에 관한 내용도 물론 유용했지만 언제나 상대방과 공동의 목표를 향해 함께 나아가야 한다는 본질적인 교훈을 되새길 기회를 만들어줬다. 또한 여러 가지 일화를 통해 연봉이나 집값 등 협상의 여지가 없다고 생각했던 주제를 지혜롭게 다루는 방법을 소개해준다는 점도 좋았다. 코칭을 받을 때 느꼈던 쟈스민 님의 현명한 모습이 그대로 담긴 이 책 덕분에 나도 조금은 더 용기 있게, 조리 있게 이야기할 수 있을 것 같다.

사혜원(영국 프레쉬필즈 로펌Freshfields Law Firm 변호사)

말의 힘을 모르는 사람은 아마 없을 것이다. 그러나 정작 어떻게 해야 말을 잘 할 수 있는지 배운 적은 없다. 그 지점에서 이 책은 무척 시의성 있는 메시지를 건넨다. '말에도 간명한 공식이 있다'고. 저자는 일상과 일터에 밀착된 사례를 생생하게 보여주면서 누구나 쉽게 따라 할 수 있는 말의 공식을 소개한다. 이 책의 공식을 하나둘씩 익히고 나면 실언을 피하는 것은 물론 그 어떤 협상 테이블에서도 주도권을 쥘 수 있을 것이다. 말로 얼마나 다양한 것을 얻을 수 있는지 궁금한 독자라면 반드시 이 책을 읽어보기를!

서민규(《콘텐츠 가드닝》 저자)

이 책은 말이라는 감성적 영역과 공식이라는 논리적 영역을 접목해 협상을 재해석한 책이다. 대화 주체자인 나와 상대 그리고 우리를 둘러싼 상황을 더욱 입체적으로 바라보는 지혜를 알려준다.

협상이라고 하면 흔히 상대에게 집중해서 원하는 것을 얻어내는 대화 스킬이라고 생각한다. 하지만 이 책은 대화의 주체자인 나 역시 상대와 동등한 무게로 중요하다는 새로운 관점을 보여준다. 누군가와 협상하기에 앞서 나 자신과의 협상을 마치는 기술을 확인하고 싶다면 이 책을 꼭 한번 읽어보기를 권한다.

송유정(부루벨코리아 L&D 매니저)

인생 선배의 따뜻한 조언과 협상에 대한 냉철한 지혜가 공존하는 맛깔난 책이다. 소통의 방식과 중요성이 달라진 비대면 사회, 이제 우리의 말하기도 진화해야 할 때가 왔다. 말의 결을 다듬어 영향력과 가치를 향상시키고 싶은 모든 분께 이 책을 강력 추천한다. 쟈스민 코치 고유의 명확하고 실용적인 전략들을 통해 이전과는 달리 당당하게 협상장에 발을 들이는 자신을 발견하게 될 것이다.

송은용(오토데스크Autodesk 레디니스 매니저readiness manager)

지금까지 나는 협상을 차가운 얼음판 위에서 냉철한 이성을 이용해 다투는 것, 서로가 절대 물러서면 안 되는 살벌한 줄다리기 같은 대화라고 생각했다. 하지만 이 책을 읽다 보니 협상은 상대방과 내가 함께 해결 방법을 찾기 위해 장기적인 파트너가 되는 과정임을 깨달

왔다.

직장 생활을 오래 했지만 여전히 협상 테이블에 앉기 전 매 순간이 떨렸다. 하지만 든든한 선배가 따뜻하게 응원해주는 것 같은 이 책이 있어 이제 용기를 낼 수 있을 것 같다. 비즈니스에서뿐만 아니라 일상에서도 실용적으로 사용할 수 있는 말의 기술과 지혜를 배우고 싶은 사람에게 이 책을 강력 추천한다.

이은진(ANZ 은행 부디렉터)

직장인에게 말하기란 또 하나의 일이다. 이는 단순한 대화 수단을 넘어 커뮤니케이션 능력이나 협상력으로 표현되기도 한다. 즉, 업무 성과의 지표인 동시에 개인의 브랜딩 요소다.

그래서인지 직장인에게 말하기란 늘 어려운 숙제와 같다. 대화에서 주도권을 잡고 내 생각을 능숙하게 전달하고 싶은데 늘 헤매게 된다. 이런 사람들에게 쟈스민 대표는 '말에도 공식이 있다'고 이야기한다. 같은 말이라도 더하기, 빼기, 곱하기, 나누기에 따라서 말의 품격이 달라진다는 것이다. 혹시 지금 중요한 말하기를 앞두고 있는가? 그렇다면 이 책에서 이야기하는 말의 공식을 반드시 확인해보길 바란다.

정은혜(원티드랩 편집장)

'내 앞의 저 사람을 어떻게 설득할 것인가'라는 고민이 들 때마다 이 책이 제안하는 군더더기 없는 협상의 방식을 따라가보길 바란다. 대화의 태도와 가치를 만들어주는 고마운 지침서가 돼줄 것이다.

최윤희(프리랜서 방송작가)

커뮤니케이션 스킬이 부족하고 처세술마저 없는 내게 '대화를 쉽게 풀어간다는 것은 이런 것이다'를 일깨워준 책이다. 상대를 이겨야 하는 숙제가 아니라 공동의 이익을 추구하는 게임으로 만들면 협상이 쉬워진다는 것을 깨닫고 감탄을 반복했다. 쏙쏙 가슴에 와닿는 비유가 가득해 남녀노소 모두에게 추천하고 싶다. 지금까지 읽어본 처세술에 관한 책 중 데일 카네기의 《인간관계론》에 필적하는, 아니 그 이상으로 인상적인 책이다.

한영선(동아제약 연구원)

말에도 공식이 있다

아침부터 저녁까지 우리는 매일 말을 하며 삽니다. 친구, 가족끼리 가볍게 주고받는 농담부터 상사에게 무겁게 건네는 퇴사 통보까지 모두 말이라는 도구를 사용해 전달하지요.

코로나 팬데믹을 통과하며 말하기는 어느 때보다 더 중요해졌습니다. 비대면 시대가 도래했기 때문입니다. 과거에는 얼굴을 보고 차 한잔하며 허심탄회하게 의견을 교환할 수 있었지만 이제는 그렇지 않습니다. 감각으로 이해되던 비언어적 힌트들이 사라지고 말 자체에 더 무게를 실어야 하는 때가 왔습니다.

깔깔거리는 수다와 농담만으로 서로 이해하고 협력할 수 있다면 얼마나 편할까요? 힘을 들여서 상대를 관찰하거나 재지 않아도 내 말이 잘 전달된다면 참 좋겠지만 현실의 대화는 그렇게 녹록하지 않습니다. 살다 보면 일을 제대로 처리하거나 목표를 달성하기 위해서 상대가 별로 듣고 싶어 하지 않는 이야기를 꺼내야 하는 순간을 만나기 때문이지요.

저의 경우 그 대상은 다름 아닌 네 살 된 딸아이입니다. 아침저녁으로 양치질을 부탁, 아니 강요해야 하는 순간을 매일 만납니다. 양치질하기 싫다고 도망가는 딸아이를 따라다니며 속으로는 '그럼 양치질하지 말고 나중에 아프게 충치 치료 받을래?'라고 외치지만 겉으로는 침착하게 설득합니다. 엄마라고 해서 아이에게 복종을 강요할 수는 없으니까요. 이렇게 상대가 별로 듣고 싶지 않아 하는 이야기를 효과적으로 전달하려면 어쩔 수 없이 머리를 굴려야 합니다.

어린아이는 어떻게든 어르고 달랠 수 있다고 쳐도 일터에서 만난 사람과 의견이 충돌할 때는 어떻게 대화해야 할까요? 특히 상대가 아주 꼬장꼬장하고 다루기 어려운 사람이라면요? 나의 이익을 위해 누군가를 내 편으로 설득해야 하는 순간이 오면 우리는 왠지 모르게 움츠러듭니다. 납기일이 빠듯하다는 거래처에 꼭 시간을 맞춰달라고 할 때, 전세금 혹은 월세를 올리겠다는 집주인에게 사정을 봐달라고 할 때, 열심히 일한 것은 알지만 올해도 연봉 인상과 승진은 어렵다는 상사와 면담할 때와 같은 순간을 마주하면 말이지요. 어떠세요, 상상만 해도 심장이 평소보다 더 쿵쾅거리지 않나요? 어쩌면 이런 생각이 들지도 모르겠네요.

'아, 괴롭다. 내 의견을 어떻게 말해야 하지? 괜히 이기적이거나 못된 사람으로 보이지 않을까? 어지간하면 맞춰주고 싶지만 그러면 내가 너무 손해를 보게 될 테고…. 괜히 마음 상하면 서로 괴로우니까 이번 한 번만 그냥 눈감아줄까?'

상황이 복잡할수록 마음은 약해집니다.

그저 나의 생각을 전달하려고 했을 뿐인데 이상하게 말이 꼬이거나 의도가 왜곡되기도 합니다. '같이 잘해보자'라는 뜻으로 이야기했지만 상대는 상처를 받는 경우도 있고 나의 희생을 감수해야 하는 부탁을 제때 거절하지 못해 돌아서서 후회하는 경우도 있습니다. 입 한 번 뻥긋 못하고 터무니없이 낮은 연봉과 보너스가 적힌 계약서에 사인해버리고는 자기 전 이불킥을 하기도 하지요.

우리는 무엇을 놓치고 있는 걸까요? 그때 어떻게 말을 했어야 할까요? 이 질문에 답하기 위해서는 다음 수식을 살펴봐야 합니다.

$1+(4\times5)=21$

$(1\times4)+5=9$

이 두 수식은 같은 숫자라도 어떻게 계산하느냐에 따라 결과가 두 배 이상 차이 날 수 있다는 것을 보여줍니다. 1, 4, 5라는 숫자와 덧셈부호, 곱셈부호의 개수는 똑같지만 무엇을 곱하고 어떤 순서로 계산하는지에 따라 값이 완전히 달라지지요.

신기한 것은 말에도 이런 공식을 적용할 수 있다는 것입니다. 내가 가진 재료를 어떻게 묶고 배치하느냐에 따라 똑같은 상황에서도 완전히 다른 결과를 얻게 됩니다. '무엇을 가지고 있느냐'만큼 중요한 것은 '무엇을 언제 어떻게 보여주느냐'입니다.

다시 말해, 내가 하는 말에 '무엇을 먼저 곱할지'를 생각하면 상대를 매료시키는 설득력을 올릴 수 있습니다. 여기에 '어떤 것을 나중에 나눌지'를 계산한다면 상대를 망설이게 만드는 위험 요소나 모호함을 줄일 수 있습니다.

쉽게 설명하면 이런 것입니다. 회의실에 들어가기 전 어떤 말을 하는 게 좋을지(덧셈과 곱셈), 어떤 말이 위험할지(뺄셈과 나눗셈)를 미리 생각하는 사람과 이런 연산에 대한 이해가 전혀 없는 사람을 비교해볼까요? 두 사람이 각각 어떤 결과를 얻을지는 자명합니다.

어떤 말을 어떤 공식에 넣을지를 아는 사람은 누구와 대화하든 크게 주눅 들지 않습니다. 결과의 최솟값과 최댓값이 이미 머릿속에 있으니 어떤 상황이 벌어질지 예측할 수 있고 실수에 대비할 수 있기 때문입니다.

말의 공식을 살짝 맛보자면 이렇습니다.

말의 공식을 이용하면 상대에게 무언가 부탁해야 하는 상황이라고 해서 꼭 죄스러운 마음을 가질 필요가 없습니다. 나의 부탁으로 상대가 무엇을 더 가지고 이룰 수 있는지에 대해 충분히 설명해주면 됩니다. 심지어 어떤 것을 강조하느냐에 따라 부탁을 받는 사람이 오히려 고마워하게 만들 수도 있습니다. 이득을 최대화해야 하는 곳에 쓰는 연산과 위험을 최소화해야 하는 곳에 쓰는 연산을 잘 골라서 배치한다면 말입니다. 가지고 있는 요소 자체를 바꾸는 것이 아니라 무엇을 먼저 어떻게 묶어내야 하는지 이해하면 됩니다.

이 책에서는 덧셈, 뺄셈, 곱셈, 나눗셈 등 사칙 연산의 원리를 적용한 대화법, 즉 말의 공식을 소개하려고 합니다. 제가 지난 18년 동안 한국과 싱가포르에서 일하고 교육하며 만났던 직장인들의 사례를 각색해서 곳곳에 녹여뒀습니다. 동시에 흥미진진한 반전이 있는 경험담도 곁들였습니다. 말 한마디로 갈린 두 신입 사원의 운명, 영국의 집값을 과일 값 깎듯 절약한 에피소드, 43만 원짜리 벌금 딱지를 돈이 아닌 말로 막아낸 케이스 등도 같이 볼 수 있습니다.

말의 공식을 통해서 저는 무엇을 얻었을까요? 우선 저는 글로벌 기업 애플Apple에서 비즈니스 코치로 최고 수행 평점을 받으며 일했습니다. 그 후에는 협상 코치로서 상담 고객이 연봉을 1억 원 가까이 올리도록 돕기도 했습니다. 가족과 살고 있는 싱가포르 집의 월세를 언제나 20퍼센트 정도 깎는 것은 덤이고요. 아이의 양치질 습관을 형성하는 데도 물론 이 공식을 적용합니다. 아이에게 양치질에 대한 두려움을 빼주고 양치질을 해냈을 때의 성취감을 곱해줍니다. 내 생각을 효과적으로 전달하는 방법을 알게 된 뒤 아이에게 화를 내거나 실망하는 경우가 줄어들어 아이와의 관계도 더 좋아졌지요. 이 모든 성취와 변화가 가능했던 것은 바로 말의 공식을 이해했기 때문이었습니다.

부디 이 책 곳곳에서 말이 안 통해서 괴로웠던, 말을 못해서 안타까웠던 여러분의 얼굴이 자주 등장하길 빕니다. '완전 내 이야기잖아!' 하는 공감 끝에 새로운 가능성을 발견해나갔으면 좋겠습니다. 책을 덮을 쯤에는 여러분만의 말의 공식을 스스로 만들어볼 수 있도록 말이지요. 그리고 그 공식으로 얻은 값이 점차 커지기를 바랍니다.

자, 이제 말의 값을 올려볼까요?

목차

Part 1 덧셈 ➕ 목소리를 찾고 중심을 더하면

나의 발언권을 잘 지켜 목소리를 내는 것은
내가 가진 힘을 보여주는 것과 같습니다.
여러분의 말을 타인의 입보다 낮은 곳에 두지 마세요.
타인의 말을 경청하듯 자신의 마음도 경청하며
스스로의 목소리에 힘을 실어주세요.
그래야만 여러분의 말과 이야기가
상대의 귀에 전달될 수 있을 것입니다.

_____

Part 1. 덧셈

목소리를 찾고
중심을 더하면

덧셈의 시작
목소리가 더해지면 주권이 생깁니다

아이가 말을 막 시작했을 때, 그 첫 단어를 들었을 때의 기쁨을 부모라면 아마 기억할 것입니다. "엄마", "아빠" 정도만 뱉던 아이의 입에서 "좋아", "싫어", "나중에", "맛있어"같이 자신의 감정과 생각을 표현하는 단어를 들으면 경이롭기까지 하지요. 혀가 짧아 아직 온전하게 발음하지도 못하는 아이에게 부모는 매일 포기하지 않고 새로운 말과 단어를 가르칩니다.

그러다 아이가 어느새 완벽한 문장을 구사하는 순간 부모는 알게 됩니다. 아이의 말이 기쁨을 넘어서 작은 골칫거리가 됐다는 것을요. 아이는 말끝마다 "왜요?", "왜 안 돼요?"를 물으며 모순을 지적합니다. "다음에 해줄게" 하고 먼 미래 시제로 약속하면 "다음은 바로 내일"이라며 똘똘하게 반박하기도 하고요. 이렇게 아이는 자라면서 말로 누군가를 설득하고 자기편으로 만드는 방법을 자연스럽게 터득합니다. 누가 알려준 적도 없는데 상대를 쥐락펴락하며 똑똑하게 자신의 몫을 챙깁니다.

원하는 바를 그대로 쏟아내던 유아기를 지나 사회화가 진행되면서 아이는 새로운 기술을 배웁니다. 바로 '눈치'라는 것인데요. 아이는 자신의 생각을 말하기 전에 한 번 거르거나 적당히 포장하는 기술을 익히고, 속으로는 미안하지 않지만 미안하다고 하고, 손해를 기꺼이 감수해야 하는 경우가 있다는 사실도 알게 됩니다. 결과가 마음에 들지 않아도 상대방의 입장을 고려해 받아들이고, 다수를 위해 내 몫을 양보하는 방법도 배웁니다. 모두 공동체의 관습을 이해하고 체득하는 과정이지요.

하지만 이런 사회화 과정에서 우리에게 '주권'을 챙기라고 알려주는 사람은 없습니다. 학창 시절을 지나 사회생활을 하면서 타인과 자신을 동등하게 배려하는 방법에 대해 배워본 적 있나요? 타인을 존중하고 다수의 주장을 받아들이는 방법은 어디서나 배울 수 있지만 스스로의 목소리에 귀 기울이고 내 의견이 옳다고 믿을 때 굳건히 지키는 방법을 익히기는 쉽지 않습니다.

왜 그런 걸까요? 다양한 목소리가 공존하면 통제하기 힘들다는 집단주의적인 시각에서 비롯된 폐해일지도 모릅니다. 학교나 직장의 결정권자는 묵묵히 리더를 따르는 조용하고 온순한 팔로워를 좋아할 수밖에 없습니다. 저 역시 살면서 불합리한 상황에서 내 몫을 어떻게 주장할 것인가에 관해 구체적인 해결법을 알려주는 선배나 상사를 본 적이 손에 꼽습니다. 오히려 "네가 참아. 원래 그런 거야. 조직은 다 그래"라며 목소리를 낮추기를 조언한 사람이 많았지요.

자신의 몫을 챙기지 못하는 사람을 착한 사람 혹은 속 깊은 사람이라고 칭찬하는 경우는 또 어떤가요? 그렇게 남을 칭찬하던 사람은 자신의 몫을 기꺼이 타인에게 양보하는 사람일까요? 제 기억에 그들은 정작 제일 먼저 자기 몫을 챙기는 사람이었습니다. 타인에게는 이타적으로 사는 것이 아름답다고 이야기했지만 그들 삶에는 그 덕목이 빠져 있었지요.

자기 몫을 챙기거나 자신의 목소리를 지키는 일에 서투른 사람일수록 갈등을 정면으로 돌파하지 못합니다. 의도적으로 상황을 유보하거나 회피하려고 하지요. 갈등을 해결할 수 없으니 일단 그 자리를 떠나는 것입니다. "네가 진짜 원하는 것을 이야기해봐"라고 하면 "크게 할 이야기 없어요"라고 둘러대고요. 면접에서 "궁금한 점 있나요?"라는 질문을 받으면 "없습니다"라고 답합니다. 진짜 할 말이 없어서가 아니라 본심을 털어놓으면 상대가 자신을 나쁘게 생각할까 봐 걱정하기 때문입니다.

안타깝게도 권력자의 눈으로 보면 이렇게 자신의 목소리를 내지 못하는 사람은 아주 좋은 먹잇감입니다. 불리한 조건을 제시해도 자기 의견을 말하지 못하고 쉽게 수락할 테니까요. 부당한 일을 겪고도 아무 말 하지 못하는 직원에게 최선을 다해 복지를 제공하려는 고용주가 얼마나 될까요?

매년 연봉을 동결하고 새로운 업무를 추가로 할당해도 이런 직원은 특별한 불만이 없습니다. 아니, 정확히 말하면 속으로는 불만이 턱 끝까지 차올랐지만 뭐라고 해야 할지 도통 알 수 없어 입을 다물고 있는 것이지요. 해결 방법을 모르는 문제를 수면 위로 꺼내는 것이 두렵기도 할 테고요.

돈을 적게 주고 일을 더 시켜도 특별히 싫다고 하지 않으니 고용주 입장에서는 직원의 역량을 남용하기 쉬워집니다. 고용주는 절대 그가 '말을 하는 사람'으로 진화하는 것을 원하지 않습니다. 권력이 약화되는 것을 반기는 권력자는 세상에 존재하지 않기 때문입니다.

나의 발언권을 잘 지켜 목소리를 내는 것은 내가 가진 힘을 보여주는 것과 같습니다. 나는 약해 빠지지 않았고 단단한 근육을 가지고 있다는 사실을 확인시켜주는 것이지요.

너무 어렵다고요? 벌써부터 겁먹을 필요는 없습니다. 무언가를 결정할 때 대화로써가 아니라 장기나 끼로 우열을 다투는 사회를 상상해볼까요? 중요한 일의 결론을 내릴 때 춤을 잘 추거나 노래를 잘하거나 멋진 그림을 그린 사람의 의견이 채택된다면 저처럼 특별한 장기가 없는 사람들은 사회에서 먼지 같은 존재가 되겠지요. 얼마나 다행인가요? 현실에서 우리는 그런 특기를 개발할 필요가 없습니다. 말로써 타인에게 의견을 충분히 전달할 수만 있으면 됩니다. 목소리라는 강력한 무기를 연마해서요.

멋진 정장을 차려입은 훤칠한 청년이 면접장에 들어왔다고 가정해봅시다. 그 청년이 면접관에게 생쥐보다 작은 소리로 자기소개를 한다면 어떨까요? 반대로 왜소한 체격에 크게 눈에 띄지 않는 외모를 가졌지만 대화의 중심을 잘 잡으면서 자신의 견해를 제대로 피력하는 후보자가 있다면요? 면접관은 누구에게 매력을 느낄까요?

저는 "나는 원래 말을 잘 못해. 내 것을 챙기기 위해 누군가를 설득하는 상황은 너무 불편해"라고 이야기하는 사람들을 자주 만나왔습니다. 그들을 가르쳐본 결과 제가 내린 결론은 이렇습니다. 그들은 말을 못하는 것이 아니라 제대로 자기 몫을 챙기는 방법을 아직 배우지 못한 것이라고요. 오랫동안 자신의 목소리를 주장할 필요가 없는 혹은 주장할 수 없는 환경에 놓이면 자연스럽게 대화 능력은 퇴화할 수밖에 없습니다.

한 회사에 오래 몸담으며 매일 비슷한 일상을 살아온 사람이나 자기 생각을 표현할 다양한 환경에 놓여보지 않은 사람이라면 더욱 그럴 것입니다. 20년 경력의 이력서는 차고 넘쳐도 자신을 매력적으로 세일즈하고 다른 사람을 설득할 수 있는 능력을 가진 사람은 별로 없습니다. 구조조정 같은 큰 변화로 인해 회사 밖의 냉정한 현실에 놓이면 이들은 얼어버리고 맙니다. "다 괜찮을 거야"라고 다독여주던 동료도 없으니 목소리가 더욱 기어들어갈 수밖에 없지요. 어쩌다 용기를 내봐도 평소 쓰지 않던 능력을 쓰다 보니 어색해서 말을 하는 사람도 듣는 사람도 그가 하는 말에 몰입하기 어렵고요.

하지만 여러분이 가진 말의 힘에 지금까지 아무도 관심을 가지지 않았어도, 아무도 여러분에게 말로 스스로를 지켜내는 방법을 알려주지 않았더라도 괜찮습니다. 이제부터 하나씩 차근차근 연습하면 되니까요. 중요한 것은 우리 모두 자신만의 목소리를 가졌고 그것을 어떻게 활용하느냐에 따라 앞으로 혹은 뒤로 갈 수 있다는 점을 인식하는 것입니다.

여러분의 말을 타인의 입보다 낮은 곳에 두지 마세요. 타인의 말을 경청하듯 자신의 마음도 경청하며 스스로의 목소리에 힘을 실어주세요. 그래야만 여러분의 이야기가 상대의 귀에 전달될 수 있을 것입니다.

Chapter 2

대화하라, 한 번도 상처받지 않은 것처럼
말로 인한 상처, 말로 치유하기

　태어나서 단 한 번도 누군가의 말 때문에 상처를 받지 않은 사람이 있을까요? 예민한 사춘기에만 다른 사람의 말에 마음을 다치는 것은 아니겠지요. 성인이 돼도 마찬가지입니다. 이상하게 달콤한 칭찬은 금세 잊어버리는데 바늘처럼 뾰족한 말 한마디는 오랫동안 기억납니다.

　아무 의도 없는 말, 예를 들어 "아, 이게 다야?" 혹은 "언제 끝날 것 같아?" 같은 질문조차 경우에 따라 완전히 다르게 느껴지기도 합니다. 상대에게 상처를 주려고 혹은 상대를 채근하기 위해서 물어본 것이 아니라 상황을 점검하기 위해 한 말일 수도 있는데 여유가 없으면 탓하는 말로 받아들여지곤 하지요. 저도 가끔은 누군가 의미 없이 던진 말에 며칠 동안 그게 무슨 뜻일까 곱씹어봅니다. 또 누군가에게 무심코 말실수를 하지는 않았는지 생각해보기도 하고요.

타인과 나를 모두 배려하는 대화에서 제일 중요한 요소는 바로 '나의 심리적 건강'입니다. 말을 하고 듣는 나의 마음이 건강해야 오가는 이야기를 사실과 의도에 맞게 해석할 수 있습니다. 상대의 말을 제대로 이해하지 못해 혼자 마음 아파하는 일도 줄어듭니다. '당신의 말은 어딘가 꼬여 있다. 듣고 나면 기분이 좋지 않다'라는 오해를 살 가능성도 적어지고요.

우리가 매일 사용하는 이불과 베개를 떠올려봅시다. 겉으로는 특별히 더럽거나 얼룩지지 않아 보여도 이불을 털어보면 먼지가 꽤 많이 일어나곤 하지요. 분명 침대에 들어가기 전에 깨끗하게 샤워를 했어도 하룻밤 자고 일어난 자리에는 먼지가 날릴 수밖에 없습니다.

오만 가지 생각과 말이 오가는 하루를 겪은 우리의 마음은 어떨까요? 눈에 보이지 않아서 그렇지 잘 들여다보면 자잘한 상처와 오해가 먼지처럼 마음속에 쌓였을 거예요. 햇살 좋은 날 이불을 털어 널듯 마음에 자리 잡은 먼지를 제거할 방법은 없을까요? 여기 대화에 참여한 모두의 마음을 건강하게 지키는 세 가지 습관이 있습니다.

첫째, 대화하다 받았던 상처, 오해, 편견 등에 관해 간단하게 정리해봅시다. 우선 내가 상처를 받았던 순간부터 몇 개 떠올려보세요. 그리고 그 상황의 등장인물과 대화를 간략하게 복기해 메모하는 거예요. 상대는 부모님일 수도 있고 직장 동료나 상사, 거래처의 까다로운 부장님일 수도 있겠지요. 그들과 나눈 대화의 상처 포인트, 특히 어떤 단어나 표현 혹은 맥락에서 마음이 상했는지 분석해봅시다.

예전에 제가 한 IT 회사에서 일할 때 고객 서비스customer relationship 부서를 대상으로 화나고 실망한 고객들을 다루는 방법을 교육했던 적이 있습니다. 그 과정에서 고객들이 동일한 물건과 서비스에 대해 모두 제각각의 이유로 불만을 가진다는 사실을 알게 됐지요. 어떤 고객은 직원과 통화가 연결되기까지 시간이 너무 오래 걸려서 기분이 상했고 어떤 고객은 직원이 자신의 말을 끝까지 조용히 듣지 않는다며 화를 내기도 했습니다. 심지어 지난주에 통화를 했는데 왜 자신을 기억하지 못하느냐며 타박하는 고객도 있었어요. 이처럼 사람마다 예민하게 반응하는 부분이 모두 다르니 다양한 클레임에 대비하기 위해 고객 분석 자료를 만들어 직원을 교육했습니다.

우리도 비슷한 방법을 시도해볼 수 있습니다. 분석 자료를 작성할 필요까지는 없지만 나를 불쾌하게 만든 상황을 제삼자의 시각에서 바라볼 수는 있습니다. 나는 어떤 주제에 예민하게 반응하는지, 언제 상처를 받고 기분이 상하는지를 객관적으로 알아보는 것이지요. 이런 작업을 적극적으로 수행하다 보면 나를 이해하는 데 큰 도움을 받을 것입니다.

이때 가능하면 혼자 스스로를 돌아보기를 바랍니다. 다른 사람과 함께하면 아무리 친하고 가까운 사이일지라도 "아니, 그것 가지고 무슨 상처를 받아? 별것 아니니까 넘겨!" 같은 반응에 또 상처를 받을 수 있거든요. 타인의 잣대로 나의 상처를 확인하면 불필요한 생채기로만 보입니다.

이 작업이 끝나면 반대로 내가 상처를 줬던 순간에 대해서도 돌아보세요. 그 상황을 간단한 단어로 적어봐도 좋습니다. 의식적, 무의식적으로 누군가에게 상처 줬던 순간을 떠올려보세요. 그 순간을 반추하고 그때의 나를 객관화하는 작업은 나의 말하기 습관을 다듬는 데 큰 도움을 줍니다.

둘째, 말로 받은 상처는 말로 치료합시다. 본심을 잘 전달해보려고 노력했지만 대화의 과정 혹은 결과 때문에 상처를 받았던 경험이 있나요? 취업 면접을 예로 들어보겠습니다. 최선을 다해 면접에 임했는데 결과가 기대에 미치지 못하면 실망할 수 있겠지요.

면접관이 나의 이력서에 적힌 항목을 하나하나 차갑게 지적할 때 무덤덤하게 반응할 수 있는 사람은 거의 없습니다. 오히려 경력이 긴 사람일수록 이런 대화에서 쉽게 무너집니다. 오늘 처음 만난 면접관이 나의 진짜 가치를 책정하는 사람이 아니라는 사실을 잘 알아도 마음에 생긴 쓰라린 상처는 쉽게 가라앉지 않습니다.

이런 경우에는 의식적으로 내 마음을 따뜻한 양지로 옮겨주는 게 좋습니다. 메마른 대화를 오래 지속하면 마음에 쉽게 감기가 올 수 있어요. 따라서 차가워진 마음을 따뜻하게 덥혀줄 사람에게 상처를 털어놓는 것이 중요합니다.

사람에게 받은 상처는 사람을 통해 가장 빨리 치유됩니다. 나의 가치를 인정해주고 "그 정도면 충분히 잘했어", "다음에는 더 잘할 수 있을 거야"라고 말해주는 누군가를 곁에 두는 것이 중요한 이유입니다. 이들은 우리에게 심리적 지지대가 돼줍니다.

반대로 그들이 기댈 곳이 필요할 때 우리도 든든한 지지대가 돼줘야 합니다. 사람이 가진 상처는 모두 제각각이지만 잘 들여다보면 사실 많은 부분 닮아 있습니다. 따라서 타인을 위로하는 과정에서 나에게 필요한 면역력을 함께 기를 수 있습니다. 살다 보면 어쩔 수 없이 상처를 받지만 그것을 극복할 방법을 많이 알아두면 비슷한 상황이 닥쳤을 때 덜 괴로울 수 있습니다.

또한 타인의 상처를 보듬는 과정이 결국 나를 보듬는 과정과 똑같다는 것을 알게 되면 더 너그러운 마음으로 상처받은 사람의 이야기를 듣게 됩니다. 그 이야기에서 나의 얼굴을 발견하게 될 테니까요.

셋째, 평소 대화에서 변화가 필요한 부분을 찾아내고 이를 해결할 방법을 찾아봅시다. 대화를 나누면 늘 기분이 상하는 A라는 직장 동료가 있다고 가정해봅시다. 업무적으로도 그에게 딱히 배울 것이 없다고 결론 내렸다면 이제 무엇을 해야 할까요? 그 사람과 최대한 대화할 일을 줄이거나 대화를 하더라도 가능하면 서면으로 소통하면 되겠지요. 업무 때문에 부득이하게 미팅을 해야 할 때는 단독으로 대면하는 시간을 줄이기 위해 다른 사람과 함께할 수도 있고 팀원이나 부하 직원을 통해 간접적으로 소통할 수도 있습니다.

하지만 여러 여건상 그 사람과 이야기하는 환경 자체를 바꿀 수 없다면 나의 태도와 말을 어떻게 바꿀지를 한번 생각해보면 좋습니다. 그동안 나약하고 수동적인 어조로 이야기했다면 말에 힘을 실을 수 있도록 목소리를 낮춰본다거나 숫자, 증거, 예시 등을 곁들여 말의 구성을 바꿔본다거나 옷매무새에 특히 신경을 쓴다거나 등의 방법을 시도해보는 것이지요.

나의 평소 대화 습관 중 고쳐야 하는 부분은 없는지도 같이 고민해봅시다. 상대의 이야기에 집중하지 못하고 딴생각을 하거나 엉뚱한 질문으로 맥을 끊거나 불필요한 이야기를 덧붙여서 시간을 허비하는 등의 나쁜 버릇이 없는지 돌이켜보는 것입니다.

그 어떤 달변가도 매일 매순간 완벽한 대화를 할 수는 없습니다. 상대가 누구인지, 어떤 상황인지, 나의 감정이 어떤지에 따라 대화법은 매번 바뀔 수밖에 없으니까요. 누구나 이야기하다 보면 실수할 수 있고 의도치 않게 상처를 주고받을 수 있습니다. 중요한 것은 그럴 때도 나 자신을 믿어보는 것입니다. 우리에게는 말로 인한 상처를 치유할 힘이 있다고 말이지요.

Chapter 3

입장 차이에서 입장 '더하기'로
인간은 어떻게 설득당하는가

기초 연습은 여기까지입니다. 이제 본격적으로 말의 공식을 배울 차례입니다. 덧셈, 뺄셈, 곱셈, 나눗셈이 필요한 대화는 언제 일어날까요? 바로 양자의 이익이 복잡하게 얽힌 상황에서입니다. 가족이나 친구 같은 관계보다는 돈을 비롯한 다양한 요소를 거래하는 관계에서 말의 공식은 더 빛을 발하지요.

제가 처음으로 말의 공식을 발견한 것 역시 이익 관계에서 사용하는 대화법을 배우는 경영대학원에서였습니다. 미국 회사의 교육 팀에서 일을 하던 저는 2012년에 유럽의 한 경영대학원 협상연구소로부터 강사 제의를 받았습니다. 기업의 교육 담당자로서 어떤 말이 사람을 끌어당기고 멀어지게 하는지를 궁금해하던 차에 얻게 된 좋은 기회였습니다.

그때까지 저는 협상은 기업에서 인수합병할 때나 필요한 것이라고 생각했습니다. 하지만 대학원에서 만난 협상은 전혀 다른 것이었습니다. 일상에서도 얼마든지 협상을 사용할 수 있다는 사실을 깨닫고 허무함을 느끼기까지 했습니다. 협상은 어렵고 복잡한 것이라고 생각해 일찌감치 포기했던 과거의 기회들과 그로 인한 손해들이 배가 아플 정도로 아깝게 느껴졌습니다. 자, 이제 저에게 말의 공식의 단초를 제공해준 그 협상 수업으로 여러분을 초대하겠습니다.

경영대학원의 첫 협상 수업.

둥그런 극장 형태의 강의실, 학생들은 난생처음 듣는 협상 수업에서 과연 어떤 것을 배울지 두근거리는 마음으로 책상 앞에 앉아 있습니다. 이제 우리는 한 학기 동안 협상에 관한 심리적, 물리적, 논리적 방법론에 대해서 배울 것입니다.

첫 시간인 만큼 협상을 어떻게 이해하고 있는지 점검하고 시작하는 것이 좋겠네요. 눈을 동그랗게 뜬 학생들에게 교수가 세 가지를 물었습니다.

1. 당신에게 협상이란 무엇입니까?
2. 가장 마지막으로 협상을 해본 적은 언제입니까?
3. 지금까지의 경험 중 가장 어려웠던 협상 대상 혹은 협상 순간은 언제였습니까?

질문을 들은 학생들은 열심히 머릿속으로 나름의 답을 생각해냅니다. 이 책을 읽고 있는 여러분도 함께 답해볼까요? 어떤 대답을 했나요?

공식으로 통계를 내본 것은 아니지만 제가 들은 학생들의 대답은 연령 혹은 직급에 따라 조금씩 달랐습니다. 우선 20대 후반에서 30대 초반의 학생들은 서슴없이 '협상이란 바로 돈과 직결된 것'이라고 답했습니다. 사회생활을 갓 시작한 사람일수록 협상을 돈과 관련된 문제를 협의하는 것으로 정의하는 경우가 많았습니다. 그리고 두 번째 질문과 세 번째 질문에 대한 답으로 '회사 또는 상사와 했던 (그러나 아쉬움이 남는) 연봉 협상'을 이야기했습니다.

그럼 30대 중반에서 40대 초반의 학생들은 어떨까요? 아무래도 여러 차례 연봉을 협상하며 경험을 쌓아서 그런지 20~30대 학생보다는 다양한 대답을 내놓았습니다. 특히 회사 생활에 관련한 답이 많았는데 이들은 자신이 맡고 있는 팀 또는 부하 직원을 관리하고 이끄는 것이 모두 협상이라고 이야기했습니다. 아마 20대에는 자신의 연봉을 협상해야 했다면 30~40대에는 부서원들의 연봉을 조율해야 하는 위치에 놓였기 때문이겠지요. 이 그룹은 협상을 금전적 거래의 수단이라기보다 리더십을 발휘하는 과정으로 설명하는 경우가 많았습니다.

40대 중반에서 60대 정도 되는 학생들은 훨씬 더 넓은 관점에서 협상을 정의했습니다. "인생 자체가 협상이다!"라며 삶의 모든 순간이 협상의 연속이었다고 설명했습니다. 가족과의 대화, 동료와 선후배에게 안부 문자를 남기는 것, 심지어 해외여행을 가서 모르는 사람에게 길을 묻는 것까지 전부 협상의 일환이라고 답한 학생도 있었습니다.

어떤 답도 틀린 것은 아닙니다. 중요한 사실은 협상의 의미만 물었을 뿐인데도 이렇게 다양한 답변이 나올 만큼 협상이 갖는 의미는 폭넓으며 일상에서 협상이 필요한 순간이 생각보다 많다는 점입니다.

예컨대 한 가족이 휴가와 방학을 맞춰 여행을 간다고 상상해봅시다. 어디로 가는 게 좋을까요? 고등학생인 남동생은 동남아 휴양지로, 대학생인 누나는 유럽으로 떠나고 싶어 합니다. 엄마는 이모와 친척들이 사는 미국에 방문하기를 원하고 아빠는 해외가 아니라 고향인 여수에 내려가 푹 쉬며 친구들을 만나고 싶어 합니다. 우리 주변에서 충분히 일어날 수 있는 일이지요? 식구 모두 호불호가 분명하고 각자에게 그럴듯한 이유가 있다면 서로의 입장을 양보하기 어려울 것입니다.

이런 사례는 어떨까요? 연애할 때는 서로에게 모든 것을 맞춰줘서 의견이 크게 충돌하지 않았더라도 결혼을 약속하면 상황이 달라지는 경우가 많습니다. 예식장, 혼수, 신혼집 장만, 태어날 아이의 학교 문제, 명절에 어디를 먼저 방문할 것인지까지 너무나 다양한 논쟁거리가 생겨나지요. 이렇듯 입장 차이는 언제 어디에서든 존재합니다. 그리고 견해의 간격을 좁힐 때 유용한 도구가 바로 협상입니다.

협상을 제대로 배우기 위해서는 '인간은 어떻게 설득당하는가'에 대한 기본적 이해가 필요합니다. 그리고 누군가를 설득하는 대화에서는 덧셈이 필요하다는 점을 꼭 기억해야 합니다. 상대에게서 무언가를 빼앗아오는 것이 아니라 그가 필요로 하는 것을 더해줌으로써 대화를 이끌어나가야 한다는 뜻입니다. 즉, 상대의 입장을 배제시키는 것이 아니라 나의 입장을 더해줌으로써 대화에서 우위를 선점할 수 있습니다.

그렇다면 상대에게 무엇을 더해주면 될까요? 협상에 관해 많은 사람이 오해하는 것 중 하나가 바로 '매력적인 숫자를 제시할수록 협상이 잘될 것이다'입니다. 정말 큰돈이 입장 차이를 메꿀 수 있을까요? 그렇게 문제가 단순하지만은 않습니다. 친구나 동료로부터 이런 말을 들어본 적 있을 것입니다.

"사람 사이에 돈이 전부는 아니잖아?"

"그 사람은 다 돈으로만 풀려고 해."

"내가 조금 손해를 보더라도 그렇게는 거래하고 싶지 않아."

입장 차이를 돈으로만, 숫자로만 해결하는 데 치중하다 보면 오히려 관계를 망칠 수 있습니다. 상대에게 돈을 많이 주면 늘 다른 사람보다 더 호감을 얻을 수 있을까요? 거래처에 경쟁업체보다 더 저렴한 가격으로 납품하면 무조건 계약을 따낼 수 있을까요? 물론 휴가지에서 기념품을 살 때와 같은 단발성 거래에서라면 가격이 협상을 타결시키는 가장 중요한 요인일 수 있습니다. 하지만 한 번 보고 말 사이가 아니라면 숫자는 가장 결정적인 포인트가 아닐 수도 있답니다. 협상에 참여한 사람마다 중요시하는 가치가 다를 수 있기 때문입니다.

제가 아는 한 선배는 오랜 월세 생활을 통해 집주인과 좋은 관계를 맺는 방법을 터득했습니다. 2년에 한 번씩 재계약 날짜가 돌아오면 어떤 집주인이든 선배에게 '집세를 올리지 않을 테니 더 오래 머물러달라'며 부탁합니다. 심지어 그가 다른 곳으로 이사를 가버릴까 전전긍긍합니다.

그도 그럴 것이 선배는 세입자이지만 월셋집을 자기 집처럼 철저하게 관리합니다. 혹시나 집에 문제가 생기면 즉각 집주인과 상의해서 적극적으로 해결합니다. 또한 6개월에 한 번씩 집 구석구석을 사진 찍어 문자 메시지로 중간보고를 합니다. 자기가 어떻게 이 집을 관리하고 있는지 집주인에게 알려주는 것이지요.

선배는 이런 행동을 세입자가 어떻게 집을 쓰고 있을지 궁금해하고 내 집이 망가지는 것은 아닌지 걱정하는 집주인의 입장을 헤아려주는 과정이라고 이야기합니다. 월세 계약 기간인 2년 내내 협상에 나설 준비를 하면서 천천히 내 입장을 더하는 것입니다. 선배에 따르면 그 2년의 과정, 정확하게 말하면 그 사이에 가끔 보내는 문자와 사진 몇 장이 집세를 동결하는 가장 확실한 방법이라고 해요. 보통 우리는 집주인은 무조건 돈을 더 낼 세입자를 선호할 것이라고 생각하지만 언제나 그 법칙이 적용되지는 않습니다. 어떤 집주인은 월세를 조금 적게 받아도 성실하고 말썽 피우지 않는 세입자와 거래하는 것을 선호한다는 뜻입니다.

연봉을 협상할 때 역시 덧셈 공식이 적용됩니다. 새로운 직원을 채용할 때 인사담당자는 당연히 연봉을 적게 주고 싶어 하지만 그렇다고 연봉을 가장 낮게 부르는 사람을 최적의 후보자로 보지는 않습니다. 오히려 적합한 후보자라면 없는 예산을 끌어와서라도 희망 연봉을 맞춰주려고 하지요.

따라서 상대가 원하는 만큼 주지 못한다고 지레 좌절할 필요는 없습니다. 믿을 만한 세입자를 찾는 집주인에게는 신뢰를 더해주면 되고 적합한 인재를 찾는 인사담당자에게는 나의 유능함을 더해주면 됩니다. 그러면 굳이 월세를 더 줄 필요도, 연봉을 낮게 부를 필요도 없지요. 월세를 올려주지 못하면 쫓겨나고 연봉을 많이 부르면 인사담당자에게 찍힐지도 모른다는 근거 없는 두려움에서도 벗어날 수 있습니다. 입장 차이를 만드는 것이 아니라 오히려 입장을 더해버리는 것, 말의 공식에서 반드시 기억해야 할 덧셈의 원리입니다.

말에 어떤 가치를 담을까?
리더의 말에 힘을 더하는 것은 감투가 아니다

　　18년 전 저의 첫 직장은 광화문에 있는 작은 외국계 회사였습니다. 제가 맡은 일은 출산 휴가를 가는 인사부 매니저의 빈자리를 채우는 것이었습니다. 워낙 작은 회사다 보니 회사의 인사담당자는 저 한 명뿐이었지요.

　　2주간 인수인계를 받았지만 대학원을 막 졸업한 제가 혼자서 한 회사의 모든 인사 업무를 처리하기는 쉽지 않았습니다. 마침 그때가 직원들의 전체적인 업무 성과를 평가하고 그에 따른 연봉과 보너스를 결정하는 연초였기에 다양한 일을 꼼꼼하게 챙겨야 했습니다. 파일 수십 개를 관리하고 교육 프로그램을 공지하고 다른 지사의 인사부와 함께 회의를 하는 것은 어딘가 신나면서도 정신없는 일이었습니다. 모든 업무를 영어로 정리하고 소통해야 해서 더욱 어려웠습니다. 사회초년생으로서 실무를 배울 수 있는 흔치 않은 기회였지만 실수라도 해서 저를 뽑기로 결정한 지사장과 매니저에게 누를 끼칠까 봐 매일 늦게까지 남아 그날의 업무를 확인하고 또 확인했습니다.

그러던 어느 날 한 부서장에게 이메일을 받았습니다. 매년 초확인하던 부서 교육비 예산을 올해는 왜 파악하지 않느냐는 내용이었습니다. 한 줄 한 줄 읽는데 머리가 새하얘지는 느낌이었어요.

이메일을 받은 시점은 이미 전체 부서의 교육비를 조사한 뒤비용을 산출해 홍콩에 있는 교육 팀에게까지 보고를 마치고 나서였습니다. 왜 이런 일이 일어났는지 곰곰이 돌이켜보니 아뿔싸, 어찌된 일인지 이 부서장에게만 각 부서의 교육비를 보고해달라는 안내 이메일을 누락한 것이 분명했습니다. 그 부서장의 부서만 교육비 예산을 받을 수 없게 된 것입니다. 서둘러 홍콩에 연락하니이미 데이터가 유럽 본사로 다 넘어갔기 때문에 숫자를 고쳐주기어렵다는 답변이 돌아왔습니다. 지금 와서 그 숫자를 고치려면 여러 명이 예산을 재확인해줘야 하는 상황이었습니다.

직장 경력 2개월 차인 저는 심장이 쿵 내려앉았습니다. 저 때문에 그 팀의 모든 직원이 혹시나 교육을 받지 못하게 되는 것은 아닌지, 이 실수로 회사에서 쫓겨나 내일부터 출근을 하지 못하게 되는 것은 아닌지 두려웠습니다. 어떻게 해야 할지 몰라 발만 동동 구르다가 결국 출산 휴가 중인 전임자에게 전화를 걸어 자초지종을 설명했습니다. 그는 한숨을 쉬며 이렇게 말했습니다.

"당장 그 부서장 자리로 가서 사과하고 올해의 자료를 받아 어떻게든 홍콩과 유럽 본사에 이 숫자를 반영해달라고 이메일을 보내세요."

침이 꼴깍꼴깍 넘어가고 입이 바짝 마른 상태로 부서장의 사무실로 찾아갔습니다.

"부서장님, 정말 죄송합니다. 제가 안내 이메일을 실수로 누락했나 봅니다. 부서장님께서 주신 이메일을 보고 나서야 부서장님 팀의 교육비가 상부에 제대로 보고되지 않았다는 것을 알게 됐습니다. 확인을 한다고 했지만 제가 이런 업무가 처음이라 많이 미숙해서 본의 아니게 실수했습니다. 정말 죄송합니다. 자료를 지금이라도 주시면 제가 어떻게든 상부에 다시 보고해보겠습니다."

제 이야기를 들은 부서장은 제 눈을 바라보면서 책상 건너편에 있는 의자에 앉으라고 말했습니다. 호통을 치지는 않을까, 혹시 내 실수를 큰소리로 지적하지 않을까 가슴을 졸이며 바닥만 바라보는 저에게 그는 지긋한 말투로 이렇게 말했습니다.

"나도 회사에 처음 입사하고 3개월이 되지 않았을 때 쟈스민과 아주 비슷한 실수를 했어요. 중요한 자료를 만들어 상부에 보고해야 했는데 모든 자료가 완성되고 한참 뒤에서야 그 자료에 들어가지 않은 정보를 발견했지요. 결국 욕을 먹더라도 최대한 빨리 상황을 정상적으로 마무리하는 것이 좋겠다고 생각해 상사에게 자초지종을 설명하고 대대적인 보완 작업을 했어요.

쟈스민의 실수 때문에 지금 여러 사람들이 일을 두 번 해야 하는 사건이 일어났다는 것을 잘 알고 있죠? 그런 불편함이 자신의 실수로 인해 만들어졌다는 점을 정확하게 아는 것이 중요합니다. 이 일 때문에 누군가는 소중한 시간을 더 할애해야 하고 누군가는 쟈스민을 대신해 아쉬운 소리를 해야 한다는 것을요. 자신의 실수가 타인의 시간, 노력과 연결돼 있다는 점을 배웠다면 그것으로 됐습니다. 실수는 누구나 할 수 있지만 교훈은 누구나 배우지 않거든요. 다음에는 조금 더 신경 써서 두 번 세 번 확인하면서 일하세요. 그러면 됩니다."

꾸지람을 들어도 할 말이 없다고 생각했던 저는 부서장의 이야기를 들으면서 비로소 고개를 들 수 있었습니다.

그때까지만 해도 누군가의 잘못을 지적할 때는 격양된 목소리로 버럭 화를 내는 것이 당연하다고 생각했습니다. 듣는 사람의 인격을 약간 모독한다 해도 그것은 실수한 사람이 응당 치러야하는 대가라고 믿던 시절이었습니다. 그런 시대에 부서장과의 대화는 신선한 충격으로 다가왔습니다.

당시 저는 누군가의 조언에 감동받아본 적이 없었습니다. 살면서 들어본 조언은 "라떼는 말이야, 그런 식으로 일을 하면 당장 서류철이 날아왔어!" 같은 꼰대 레퍼토리가 다였거든요(16년 전 직장 문화는 그랬습니다). 하지만 그날 제가 들은 충고에는 어떤 모독도 경멸도 비판도 없었습니다.

부서장의 조언에도 실수에 대한 따끔한 지적은 있었습니다. 하지만 그 지적을 듣고 기분이 상하기보다 앞으로 어떻게 발전할지를 더 생각하게 됐습니다. 이것은 아주 나중에 안 사실인데 부서장이 직접 홍콩과 유럽 본사 담당자에게 사과하며 자신이 더 챙기지 못해서 일어난 실수라며 저를 감싸줬다고 합니다.

쪼그라든 풍선처럼 자존감이 볼품없이 낮아져 있던 시절이라 그랬는지 그날의 조언은 저에게 큰 힘이 됐습니다. 누군가의 실수를 지적할 때 어떤 부분을 강조하고 어떻게 그를 다독여야 하는지를 정확하게 배운 사건이었지요.

첫 회사를 시작으로 지난 18년간 여러 회사와 일할 기회를 얻었습니다. 2011년 싱가포르에 있는 회사에 취업하면서부터는 다양한 국적을 가진 매니저, 부하, 동료와 함께 일하게 됐는데요. 이를 통해 다른 나라 사람들은 어떻게 일하는지 가까이에서 지켜볼 수 있었습니다.

각양각색의 직장 문화를 경험하며 상대를 지적하고 때로는 교정하기 위한 대화가 둘의 사이를 멀어지게 할 수도 혹은 역설적으로 가까워지게 할 수도 있다는 것을 여러 번 깨달았습니다. 앞선 사례처럼 상대의 잘못을 지적하면서도 품위와 존중을 잃지 않는 동료도 만나봤고 상대를 칭찬하고 있지만 진심을 담지 않아 오히려 욕을 먹는 상사도 만나봤습니다. 이 과정에서 리더의 말과 관련한 세 가지 중요한 사실을 깨달았습니다.

첫째, 감투와 말투의 무게는 늘 비례하지 않는다. 일터에서 나누는 말의 품격은 꼭 말하는 사람의 학력, 성별, 나이, 사회적 지위에 좌우되지 않습니다. 그 사람이 쓴 감투와 뱉는 말의 무게가 반비례하는 경우도 있지요. 오랜 경력을 가진 대기업의 관리자가 조직 구성원 간 의견을 조율하는 데 쩔쩔매는 상황도 봤고 이제막 대학을 졸업한 사회초년생으로 이루어진 스타트업에서 모두가 흡족해하는 토론이 이뤄지는 풍경도 봤습니다. 이 점을 인지하고부터는 편견과 기대를 버리고 모든 대화에 새로운 마음으로 임하게 됐습니다.

둘째, 말의 무게를 알고 있는 사람은 귀한 만큼 적다. 여러분은 혹시 지난 5년간 제가 첫 직장에서 만났던 부서장같이 말의 힘을 아는 리더를 몇 번 만나봤나요? 저는 18년 동안 함께 일한 직원과 상사를 통틀어도 그런 경험이 한 손에 꼽습니다. 그만큼 사람의 마음을 읽어내고 설득을 통해 변화를 촉진하는 사람이 드물다는 뜻이겠지요. 저 역시 사회생활을 하며 만난 수많은 사람에게 저를 긍정적인 대화로 각인시켰는지 스스로 물어봅니다. 또 누군가의 마음을 헤아리는 대화를 하고 있는지 종종 생각해봅니다.

셋째, 리더는 독이 아닌 마음을 전해야 한다. 부서장과의 대화가 기억에 강렬하게 남은 이유는 그의 진심이 잘 전달됐기 때문입니다. '사회초년생이 어리석은 실수를 반복하지 않게 도와야겠다'는 호의가 제게 각인된 것이지요. 앞으로 다시 18년의 시간이 흐른다고 해도 저는 이 대화를 잊지 못할 것입니다.

말은 듣는 사람의 마음에 따뜻함만을 남기지 않습니다. 쓰라린 상처 역시 남길 수 있습니다. 내가 쓰는 말에는 마음이 담겨 있는지, 독이 담겨 있는지 다시 한 번 돌아봅시다.

Chapter 5

내 말에 단단한 기둥이 세워진다면
말의 힘 측정하기

어릴 때부터 말에 관한 다양한 속담을 들어봤을 것입니다. 잘 생각해보면 말은 슈퍼 히어로의 초능력 같은 힘을 가지고 있습니다. 천 냥 빚을 갚아주고, 발이 없어도 천리를 가고, 씨앗이 돼 싹을 피우기도 합니다. 무의식적으로 매일 말을 내뱉으니 그 귀중함을 자주 잊어버리곤 하지만 말하기는 사실 인생에서 가장 유용한 기술입니다.

"그 사람 말을 참 잘해"와 "그 사람 말은 참 잘해", "그 사람 말만 참 잘해"의 의미는 다릅니다. 첫 번째 문장은 긍정적인 평가, 뒤로 갈수록 부정적인 평가가 담겨 있지요. 모두들 말을 잘하고 싶어 하지만 신기하게도 말만 잘하고 싶어 하지는 않아요. 이 둘의 차이는 과연 무엇일까요?

말재주가 초능력이 되기 위해서는 두 가지 기둥이 필요합니다. 이 기둥이 없으면 말은 힘을 잃습니다.

첫 번째 기둥은 바로 '마음'입니다. 어떤 마음으로 이야기하는지, 어떤 목적을 가지고 있는지 스스로 정의하지 못하면 말은 상대에게 전달되지 않습니다.

화자의 입장만을 대변하는 말을 귀담아듣는 청자는 거의 없습니다. 말하는 사람은 '다 너 잘되라고 하는 소리야'라는 마음이어도 듣는 사람은 절대로 그렇게 생각하지 않습니다. "결국 당신이 편하고 싶다는 욕심 때문에 하는 말 아닌가요?" 하고 맞받아치고 말지요.

말을 하기 전 내 말에 어떤 마음이 담겨 있는지, 이 말을 통해 나와 상대는 어떤 목적에 도달하고 싶은지 살펴봐야 합니다. '나는 이기고 너를 지게 할 거야'라는 마음으로는 타인을 설득할 수 없습니다. '당신을 이해하고 돕고 싶다', '당신과 협력할 방법을 찾아보고 싶다'와 같이 상대를 존중하는 마음이 전제되지 않은 말은 힘을 잃습니다.

두 번째 기둥은 '행동'입니다. '입만 살았다', '말만 잘한다'라는 이야기를 칭찬으로 듣는 사람은 드물 것입니다. 이는 말만 있고 행동은 결여된 상황을 비꼬는 표현입니다.

다섯 명이 한 팀으로 중요한 프로젝트를 진행한다고 상상해볼까요? 한 달간 매일 야근을 불사할 정도의 대규모 프로젝트입니다. 다섯 명 모두 자기 몫을 잘 해내면 정말 좋겠지만 상황은 늘 그렇게 우리 바람대로 돌아가지 않습니다. 꼭 미꾸라지 같은 사람이 등장하지요.

그는 마감일까지 공유하기로 한 자료를 제때 보내지 않습니다. '팀의 성과를 위해 최선을 다하겠다'고 해서 프로젝트에 투입시켰지만 사탕발림일 뿐이었지요. 그러다 어쩌다 한 번 제시간에 자료를 완성하면 꼭 득달같이 팀장에게 자신의 성과를 알리곤 합니다. 참 얄밉지요? 전형적으로 말과 행동이 일치하지 않는 경우입니다. 이때 말은 화자에 대한 평가를 떨어뜨립니다. 침묵보다 말이 더 가벼워지는 순간입니다.

말을 잘하기 위해서는 마음과 행동이 같이 가고 있는지를 꼭 확인해야 합니다. 설득이나 협상처럼 말로써 상대의 마음을 돌려야 할 때는 더욱 이 두 가지 기둥이 필요합니다.

그렇다면 두 가지 기둥을 언제, 어떻게 준비하면 될까요? 마음을 곱게 먹고 무엇이든 해보겠다고 다짐하는 것만으로 설득력을 키울 수 있을까요? 아마 아닐 것입니다.

그래서 저는 나의 말을 마음과 행동이 튼튼하게 뒷받침하고 있는지 점검하는 항목을 20개로 정리했습니다. 대화를 잘 흘러가게 하는 중요 요소를 분류해 그것들이 각 단계에서 제대로 작동하고 있는지를 확인함으로써 말하기 능력을 향상시킬 수 있도록 만든 체크리스트입니다.

먼저 문항을 하나하나 살펴보세요. 그리고 빈칸에 나의 현재 상태를 1점(매우 그렇지 않다)에서 5점(매우 그렇다)까지 점수로 매긴 뒤 모두 합산해보세요. 점수가 높을수록 말의 힘이 강하다고 보면 됩니다.

표 1. 말의 힘 측정하기

번호	순서	문항	점수
1	대화 전	대화하기 전 머릿속으로 어떤 이야기가 오갈지 미리 그림을 그려본다.	
2		내가 대화할 상대가 가장 원하는 것(정서적, 물질적, 관계적 지원 등)이 무엇인지 잘 알고 있다.	
3		내가 대화할 상대가 어떤 것에 민감한지(시간, 금전, 인간관계 등) 잘 알고 있다.	
4		필요에 따라 지인에게 묻거나 인터넷에 검색하는 등 내가 대화할 상대의 정보를 미리 조사한다.	
5		대화의 주제가 어렵더라도 침착하게 잘 풀어나갈 수 있다고 스스로를 독려한다.	
6		상대와 입장의 차이가 생길 때를 대비해 몇 가지 경우의 수를 준비한다.	
7	대화 중	대화를 시작할 때 상대의 기분과 안부를 먼저 묻는 스몰 토크를 한다.	
8		대화의 주제와 안건을 상대방과 함께 확인하고 대화를 시작한다.	
9		상대가 대화를 시작하면 충분히 그의 입장과 감정을 먼저 말할 수 있도록 경청한다.	
10		상대가 대화 주제에서 이탈해도 당황하지 않고 원래 목표로 돌아와 이야기를 마무리하게 한다.	
11		대화 중간 반론이 제기돼도 평정심을 유지하고 감정을 정리해 표현한다.	
12		상대의 감정이 격해질 때 동요하지 않고 한 발짝 물러나 상황을 판단하고 대응한다.	

번호	순서	문항	점수
13	대화 중	다양한 질문을 통해 상대의 논리와 근거를 다각적으로 듣고 정확하게 판단한다.	
14		상대의 입장을 이해함과 동시에 자신의 감정과 논리 역시 차분하게 설명한다.	
15		상대가 나의 논리를 이해할 수 있도록 상세한 예시와 설명, 근거를 곁들인다.	
16		의견 충돌로 설득이나 협상이 결렬될 시 적절한 대안을 제시한다.	
17	대화 후	대화하면서 느꼈던 감정을 잘 정리한다.	
18		내가 원하는 결과가 나오지 않았더라도 상황을 우호적으로 정리하고 관계를 이어나간다.	
19		대화가 더 필요한 안건이라면 어떻게 다음 대화를 이어가고 결론을 정리할지 상대와 함께 결정한다.	
20		대화가 종료된 후 대화의 내용과 결론을 적어서 남겨두고 필요에 따라 문자나 이메일로 상대에게 그 내용을 공유한다.	
합계			

스스로에게 몇 점을 줬나요? 혹시 낮은 점수를 받았다고 주눅들 필요는 없습니다. 앞으로 각 문항과 연관된 말의 공식에 대해서 함께 배워볼 테니까요. 이 책을 통해 우리는 상대와 나의 입장 차이를 극복해 갈등을 줄이고 서로를 이해하며 서로의 욕구를 충족시키는 대화를 하게 될 것입니다.

하나 더 팁이 있다면 이 책을 끝까지 읽고 배운 내용을 바로 실생활에 적용해보세요. 그렇게 한두 달 정도 지속해 말하기 능력이 향상됐다는 느낌이 들면 다시 이 페이지로 돌아와 스스로를 평가해봅시다. 예를 들어 6월에 이 설문지에 처음 답했다면 8, 9월에 다시 들여다보며 어떤 부분이 나아졌고 정체돼 있는지 확인하는 것입니다. 내가 평소 대화할 때 무엇을 어려워하고 잘 못하는지를 아는 것만으로도 이미 해답을 반은 찾은 셈입니다. 대부분은 자신이 무슨 문제를 가졌는지조차 모른 채 말하고 있기 때문입니다.

이 설문지를 다이어리 앞, 책상 앞처럼 자주 보는 곳에 붙여놓아도 좋습니다. 면 대 면으로, 전화로, 비대면으로 누군가와 이야기하기 전에 준비 자료로 쓰는 것입니다. 회사에서 호락호락하지 않은 상대와 회의해야 할 때, 중요한 면접을 앞두고 등 대화하기 전 단 몇 분만이라도 리스트를 확인해보세요. 그리고 그중 꼭 연습하고 싶은 문항을 의식하며 대화를 시작해보세요. 이런 작은 시도가 여러분의 말의 힘, 보이지 않는 세밀한 말 근육을 단단하게 만들어줄 것입니다.

내 입장을 말하고 싶은 마음은 잠시 빼는 것,
말의 첫 번째 뺄셈 공식입니다.
상대의 속마음에 숨겨진 욕구를 능숙하게 읽어내는 것만으로도
충분히 만족스러운 결과를 만들 수 있습니다.
나의 표면적 요구와 숨겨진 욕구,
상대의 표면적 요구와 숨겨진 욕구, 이 네 가지 요소를
염두에 둔다면 대화는 훨씬 흥미롭고 창의적으로 변화합니다.

———————————————————

Part 2. 뺄셈

실수는 줄이고
오해는 빼고

적질깊경
상대의 마음을 여는 가장 빠른 방법

질문 하나 해보겠습니다. 누군가와 대화를 나누고 불쾌감을 느꼈던 적이 있나요? 그때 상대의 어떤 행동 때문에 기분이 나빴나요? 수업 시간에 이 질문을 던졌을 때 제가 들은 대답은 다음과 같습니다.

1. 나의 기분과 감정을 읽지 못하고 딴소리를 한다.
2. 나의 말을 끝까지 듣지 않고 말을 자르거나 자꾸 끼어든다.
3. 자신의 부정적인 감정을 무분별하게 전달하거나 불편한 기색을

그대로 내비친다.

4. 나에게 공감하거나 나를 이해하려는 노력을 전혀 하지 않고 자기 입장만 고수한다.

5. 해결책을 찾으려 하지 않고 불만만 이야기한다.

여러분은 어떤 대답을 떠올렸나요? 아마 이 다섯 가지 예시와 비슷한 경험을 했을지도 모르겠네요. 이제 조금 더 깊게 들어가보겠습니다. 이런 상황에서 문제를 해결하는 여러분만의 노하우가 있다면 무엇인가요?

모든 사람이 성숙한 대화 매너를 가지고 있다면 서로 이해하고 배려하면서 의견을 교환할 수 있겠지만 아쉽게도 우리 주변에는 그렇지 못한 사람들이 더 많습니다. 이렇게 대화하기 어려운 상대를 나의 편으로 만드는 가장 효과적인 방법은 바로 '적질깊경'입니다.

'적질깊경이라니 이게 무슨 소리야?' 싶겠네요. 적질깊경은 '적극적으로 질문하고 깊이 경청하기'의 줄임말입니다.

인간에게는 기본적으로 '자신의 존재를 인정받고자 하는 욕구'가 내재돼 있습니다. 우리는 이 욕구를 채우기 위해 열심히 공부하고 일합니다. 이 욕구는 사회를 건설하고 더 나은 방향으로 나아가도록 하는 데 큰 역할을 하지만 늘 건강한 방식으로 분출되는 것은 아닙니다.

특히 존재를 인정받고자 하는 욕구가 대화에서 잘못된 방법으로 드러나면 앞서 나열한 다섯 가지 예시 같은 일이 벌어지곤 합니다. 이는 모두 '나를 더 인정해줘!'라는 욕구가 적절하게 발현되지 못해 나온 실수입니다. 그렇게 대화의 참여자 간 균형이 파괴되고 입장이 한쪽으로 치우치면 답답한 대화가 이어질 수밖에 없습니다.

자신의 의견만 중요하게 여기고 자기가 하고 싶은 이야기에만 목소리를 높이는 사람에게 "너무 감정적이고 시끄러우니 조금 진정하시죠?"라고 대응한다면 어떻게 될까요? 아마 그 사람은 불같이 화를 내며 여러분을 비난하려고 할 것입니다. 대화를 잘 풀어가려는 의도를 곡해할 가능성이 높아지지요. 이런 사람과 대화할 때는 우리의 마음이 다치지 않도록 방어할 도구가 필요합니다. 그게 바로 적질깊경입니다.

적질깊경은 대화가 잘 흘러가지 않을 때 상대에게 더 말하도록 권유하는 방법입니다. 단, 무제한으로 발언권을 주는 게 아니라 그가 자기 생각을 조리 있게 말할 수 있도록 다독여주는 기술을 이야기합니다.

적질깊경의 첫 번째 요소는 바로 적극적인 질문입니다. 상대가 부정적인 쪽으로만 사고하고 있거나 감정을 격하게 드러낼 때 우리가 던지는 질문이 상대를 진정시키는 고삐가 됩니다.

질문을 던지고 대답을 받는 순서는 이렇습니다. 먼저 질문을 시작할 때는 "제가 질문 좀 할게요"같이 직접적으로 표현하기보다는 "제가 몇 가지를 같이 확인해보려고 하는데, 괜찮으신가요?" 같이 순화해서 말하는 것이 좋습니다. 갑자기 질문을 받으면 자신을 취조한다고 생각해 불쾌해할 수도 있으니까요. 반면 상대가 겪었던 혹은 현재 겪고 있는 어려움을 이해하려는 태도를 보이면 그의 마음을 열 수 있습니다.

누군가가 나의 이야기를 더 들어주겠다고 하는데 싫다고 할 사람은 없습니다. 사람은 대부분 자기 이야기를 하는 것을 좋아합니다. 사람마다 정도의 차이는 있지만 상대가 자신의 감정과 생각에 귀를 기울여준다는 느낌을 받으면 그에게 조금씩 마음을 열게 됩니다. 질문자 역시 이 대화의 동등한 주체라는 사실도 상기시킬 수 있고요. 또한 우리 스스로도 질문을 던짐으로써 상대에게 말할 권한을 줬다는 점을 인식하게 됩니다.

그러면 무엇을 물어야 할까요? 현재 대화의 쟁점, 그 사람이 생각하는 문제의 원인과 결과, 그 사건으로 발생한 불이익과 피해 등이 되겠지요. 이런 부분을 질문하고 상대가 자기 생각을 말하기 시작하면 옆에서 정리하는 것을 도와줘야 합니다. 상대가 계속 중언부언하며 갈피를 잡지 못할 때 이야기를 가다듬는 질문을 던지는 것입니다. 이 세 가지 요소를 확인하는 질문의 예시는 다음과 같습니다.

1. 사건의 원인과 결과: 이런 문제로 이러이러한 일이 발생했다고 이해하면 될까요? 그럼 제가 문제의 원인이 xx고 결과가 yy라고 생각하면 될까요?

2. 감정과 마음: 그때 그 사건으로 이러이러하게 감정과 마음이 상하셨다는 것이죠?

3. 피해와 불이익: 그런 부분 때문에 이러이러한 피해나 불이익이 있었다는 것이네요. 네, 잘 알겠습니다.

이렇게 질문이라는 멍석을 깔아주면 상대는 그 위에서 무의식적으로 자기 생각을 최대한 정리해 이야기하려고 노력하게 됩니다. 이 과정을 통해 화자가 자기 의견을 모두 말할 수 있도록 합니다.

이처럼 질문은 고삐의 역할을 합니다. 좋은 질문은 그 자체로 방향을 바꿀 힘을 가지고 있다는 뜻입니다. 기분대로 아무 말이나 내뱉으려던 사람의 속도를 늦춥니다. 또한 흩어진 생각을 하나로 모아주고 오해로 격해진 감정을 차분히 정리하게 해줍니다.

적질깊경의 두 번째 요소는 깊이 경청하기입니다. 깊이 경청하는 것은 좋은 질문을 던지는 것만큼이나 중요합니다. 아무리 세심한 질문을 던져도 대답하는 사람에게 '저 사람은 나의 말을 듣지 않는구나'라고 느끼게 한다면 소용이 없습니다.

어떤 질문을 받고 열심히 나의 생각과 입장을 설명하는데 앞에 있는 사람이 핸드폰을 보며 문자 메시지를 확인하거나 옆 사람과 수다를 떨면 어떤 감정이 들까요? 질문으로 채워진 고삐를 풀어버리고 다시는 저 사람을 보고 싶지 않다고 생각하지 않을까요? 답을 듣지 않을 것이라면 차라리 질문하지 않는 것이 낫습니다. 물어보고 듣지 않는 것은 의도적으로 상대를 무시하겠다는 신호니까요.

가장 효과적인 경청 방법은 바로 상대에게 '나는 당신의 말을 듣고 있다'는 신호를 자주 주는 것입니다. 그 예로 간단하게는 보디랭귀지가 있습니다. 이야기를 들으며 화자와 눈을 맞추거나 고개를 끄덕이면 됩니다. 눈을 정면으로 바라보기가 힘들면 얼굴의 다른 부위나 머리, 어깨 등을 봐도 괜찮습니다. 대화의 감정 곡선에 따라 안타까운 이야기를 들을 때는 가끔씩 시선을 아래로 내렸다 올리며 반응하는 것도 좋습니다.

보디랭귀지보다 더 강력한 경청 방법은 바로 '요약과 반복'입니다. 상대의 이야기를 5분 정도 듣다가 "그러니까 이런 일이 있으셨다는 것이네요?", "그때 이런 말을 들으셨다는 거죠?" 혹은 "이야기를 정리해보면…" 등의 추임새로 그 이야기를 거울에 비춰 다시 보여주는 것입니다. 그러면 상대는 타인이 자신의 말에 귀를 기울여주고 있다는 느낌을 받습니다. 그의 인정 욕구를 충족시켰기 때문입니다. 요약과 반복은 소리에 집중하는 얕은 수준의 청취가 아니라 맥락과 내용에 집중하는 깊은 수준의 청취입니다. 말하는 사람은 이를 통해 충분히 이해받고 있다는 안도감을 느끼게 되고 격양된 감정을 가라앉히지요.

오해가 깊고 상황이 복잡할수록 질문을 통해 타인의 이야기를 경청하는 능력이 필요합니다. 상대가 먼저 이야기할 수 있도록 해주세요. '제 입장도 있지만 당신의 이야기를 우선 들어보겠습니다'라는 마음으로 질문과 경청을 반복하는 것입니다.

내 입장을 말하고 싶은 마음은 잠시 빼는 것, 말의 첫 번째 뺄셈 공식입니다. 상대와 다르게 상황을 인식하고 상반되는 의견을 가질 때는 먼저 그의 의견을 듣는 것이 중요합니다. 상대의 말을 들으며 내 입장은 어떤지 생각해보고 두 입장의 결정적인 차이가 무슨 문제에서 비롯됐는지 정확히 파악할 수 있기 때문입니다. 말 근육을 기르기 위해서는 올바른 곳에 힘을 줘야 합니다. 그러려면 먼저 상대가 지금 어떤 부분에서 가장 괴로워하고 아파하는지를 정확하게 알아야 하지요.

내 입장이 더 중요하니까 나부터 이야기해 기선을 제압하겠다는 것은 위험한 방법입니다. 오히려 나의 약점을 모두 드러낼 수 있는 위약한 접근법이기도 합니다. 상대의 입장을 경청한 뒤에 내 이야기를 해도 그렇게 늦지 않습니다. 상대가 오래 이야기하게 만들수록 "제가 당신의 이야기를 들어드렸으니 이제 제 이야기를 해도 될까요?"라는 질문에 "절대 안 돼요"라고 할 수 없어지기 때문입니다. 특히 일대일로 협상하는 경우에는 질문을 통해 상대에게 그가 가진 수를 많이 보여주게 만들고 내가 말하는 순서는 최대한 뒤로 미뤄 나의 패를 밝히지 않는 것이 좋은 전략입니다.

이처럼 대화에서는 늦게 말하는 사람이 유리한 경우가 더 많습니다. 질문하고 경청하는 자가 결국 말의 힘을 아는 자가 되는 이유입니다.

Chapter 7

무기력 덜어내기

'말해봤자 어차피 안 될 거야'의 늪에서 빠져나오려면

지금으로부터 거의 20년 전, 대학생일 때 이야기입니다. 한 학원에서 중·고등학생에게 영어를 가르친 적이 있었습니다. 학생들이 수업에 재미를 붙이게 만들기 위해 밤새 교재를 연구하고 아이들의 눈높이에 맞는 알록달록한 색감으로 자료를 준비했던 기억이 납니다. 다행히 그때 맡았던 학생들 모두 저를 잘 따르며 열심히 공부했습니다. 학부모들도 제 수업에 만족했고 날이 갈수록 저의 수강생은 점점 더 늘어났지요.

1년 정도 시간을 쪼개 강의를 하다 대학원에 진학하기 위해 퇴직을 통보했습니다. 퇴사 날짜를 정하고 마지막 날까지 강의를 잘 마쳤습니다. 그런데 퇴직하고 한 달이 지나 통장을 확인해보니 마지막 달의 강의료가 제날짜에 입금되지 않았습니다.

하루, 일주일, 다시 한 달이 지나고 나서야 원장에게 문자 메시지를 보내고 전화를 걸었습니다. 어색하게 안부를 전하며 밀린 월급에 대한 이야기를 꺼냈지만 수화기 너머의 목소리는 싸늘했습니다. 조만간 월급을 입금해주겠다는 대답을 듣고 대화를 마무리했지만 강의료는 그달에도 지급되지 않았습니다.

결국 긴 기다림 끝에 세 달이 지나 강의료를 받았습니다. 하지만 통장에 찍힌 금액은 원래 받아야 하는 액수의 반도 되지 않았습니다. 다시 원장에게 전화를 걸어 자초지종을 물었습니다. 원장의 논리는 제가 퇴직을 해서 다른 선생님을 새로 구하는 비용이 들었으니 그 손해를 제가 감당해야 한다는 것이었습니다. 지금은 그런 이야기를 들으면 얼마든지 맞받아칠 수 있지만 그때는 어떻게 해야 할지 몰라 한숨을 쉬고 울음을 참으며 억울해하는 수밖에 없었습니다.

1년간 함께 일한 상사, 그것도 20년은 연장자였던 사회생활 선배가 준 경험은 쓰디썼습니다. 열심히 일하면 정당한 대가를 받을 수 있다는 신념이 무너졌지요. 믿었던 사람에 대한 실망감과 배신감도 오랫동안 남았습니다. 20년이나 지난 기억을 더듬어 책에 쓸 정도니 그때 받은 상처가 아직까지 마음속에 깊이 새겨져 있나 봅니다.

당시 학원에는 저 같은 대학생 강사가 대부분이었습니다. 그리고 많은 강사들이 퇴사 후 저와 비슷한 경험을 했다는 사실을 나중에 알게 됐습니다. 임금 체불은 엄연히 불법이지만 저를 포함한 강사들은 여러 가지 평계를 대고 숨어버린 원장을 어떻게 설득해야 할지 잘 몰랐습니다. 나이는 모두 성인이지만 경험은 아직 미숙한 학생이었기 때문이었겠지요. 손해를 봐도 어떻게 내 몫을 주장해야 할지 몰랐고 설득이 좌절되며 받은 상처를 불필요하게 오래 간직했습니다. 월급의 반만 받고도 나머지 반을 요구하지 못했고 '어차피 달라고 해도 온갖 평계를 대며 주지 않을 거야'라는 '학습된 무기력'에 빠졌습니다.

학습된 무기력이란 노력해봤자 결과는 달라지지 않을 거라고 믿는 마음을 뜻합니다. 작은 우리에 개를 가두고 그 개가 나오려고 할 때마다 전기충격을 준다고 가정해봅시다. 밖으로 나오려던 개는 고통을 받고 놀라 우리 안쪽으로 다시 돌아갈 것입니다. 그렇게 전기충격을 반복해서 주다 보면 결국 우리를 탈출하는 것을 포기합니다. 더 이상 충격을 주지 않더라도 말입니다. 고통스러운 경험을 통해 무기력을 학습했기 때문이지요. 이런 원리는 사람에 게도 적용됩니다.

저는 고민 끝에 원장에게 다시 전화해 체불된 강의료를 달라고 이야기했습니다. 그러자 이번에는 그 사이 학원이 경제적으로 어 려워졌다는 답이 돌아왔습니다. 어리숙한 저는 어떻게 대응해야 할지 전혀 몰랐습니다. 그 말이 진실인지 아닌지도 알 수 없었지 만 학원 형편이 좋지 않다는 게 내 책임도 아닌데 이유 모를 미안 함과 죄책감이 들었습니다. 노동에 대한 정당한 대가를 요구해도 꿈쩍도 하지 않는 상대를 보면서 우리 안에 갇혀버린 개처럼 마 음이 주저앉았습니다. '어차피 내 말은 먹히지도 않아. 내가 힘이 없으니 이렇게 무시받는 거야'라는 생각이 들면서 제 안에는 설 득 자체에 대한 패배 의식이 생겼습니다.

설득과 협상에 관한 수업을 하다 보면 학생들이 빠지지 않고 하는 질문이 있습니다. 이론과 연습을 통해 어떻게 말하고 접근

할지를 배웠지만 막상 대화하기 어려운 사람을 만났을 때 입이 잘 떨어질지 의문이라는 것입니다. 머리로는 알고 있지만 실행할 용기가 나지 않는다는 것이지요. 예전에 받았던 상처를 또다시 받지 않을까 걱정이 될 때, 정말 내 의견이 상대의 마음을 움직일 수 있을까 의심이 들 때, 보이지 않는 울타리가 우리를 둘러싸고 있을 때 무엇을 해야 할까요?

첫째, 앞으로 나아가지 못한다고 느껴질 때는 혼자서 해결하려고 하기보다 타인에게 적극적으로 도움을 요청해야 합니다. 앞서 소개한 실험으로 다시 돌아가봅시다. 개에게 발을 우리 바깥에 둬도 전기충격이 일어나지 않는다는 것을 다시 학습시킨다면 어떨까요? 처음에는 두려워하겠지만 모든 과정이 안전하다는 사실을 알게 되면 용감하게 우리를 탈출할 것입니다.

여러분의 경우도 마찬가지입니다. 혼자서 심리적 안정을 찾고 현실을 냉철하게 분석해 다시 도전할 용기가 나지 않는다면 스스로 만든 심리적 우리에서 벗어날 수 있도록 도와줄 조력자를 찾아야 합니다. 멘토, 선배, 가족, 친구, 그 어떤 사람이라도 괜찮습니다. 우리에게 의문과 도전 의식을 다시 품게 해줄 수 있는 사람이라면요. 비슷한 문제를 해결해 우리 밖으로 나온 사람에게서 유용한 힌트를 얻을 수 있을 것입니다.

둘째, 아주 작은 시도로 무기력을 천천히 해결해봅시다. 아직 밖으로 발을 내밀 준비가 되지 않은 개를 무리하게 잡아끌면 오히려 더 큰 공포를 느끼며 구석으로 숨어버릴 수 있습니다. 그래서 속도가 중요한 것입니다. 입으로 말을 내뱉기가 어려울 때 이메일로 의사를 표현하는 것까지는 괜찮겠다는 생각이 들면 오늘은 그것을 목표로 나아가보세요. 그다음에는 문자 메시지, 목소리를 듣는 통화, 얼굴을 보는 면 대 면 미팅으로 한 계단씩 발전해나가는 것이지요.

대화에 있어 면 대 면이 가장 효과적이고 문자는 효과가 떨어진다는 법칙은 없습니다. 상황마다 소통의 도구는 달라지기 마련입니다. 또 사람에 따라 써야 하는 혹은 쓰지 말아야 하는 도구도 제각각입니다. 얼굴을 보고 이야기하는 것은 쉽지만 논리적으로 이메일을 쓰는 것은 어렵다고 생각하는 사람이 있습니다. 반대로 문자 메시지로 이야기하는 것은 편안하지만 누군가의 눈을 보는 것은 어렵다고 느끼는 사람도 있습니다.

어떤 성향이든 스스로에게 넘어볼 만한 과제를 주고 그 과제를 달성하려고 노력하는 자신을 응원해주는 습관이 필요합니다. 자신이 부여한 과제 안에서 아주 천천히 상대의 반응을 살피며 소통해봅시다.

학습된 무기력을 이길 수 있는 힘을 심리학에서는 '자기효능감'이라고 합니다. 이는 주어진 일을 충분히 해낼 수 있다고 스스로를 믿는 감정을 말하는데요. 자기효능감 역시 경험으로 강화됩니다. 어찌 보면 학습된 무기력과 같은 방식으로 학습된다고 할 수 있지요.

경험을 통해 무기력을 강화할지 자기효능감을 강화할지는 각자의 선택에 달려 있습니다. 경험을 영리하게 디자인하고 해석할 수 있는 능력이 중요한 이유지요.

셋째, 평소 대화하다 자주 저지르는 실수가 무엇인지 생각해보고 극복 방안을 알아내 반복 학습합시다. 아무리 말을 잘하는 사람이라도 각자 다루기 어려워하는 주제가 있습니다. 제가 만나본 많은 고객과 학생은 돈 혹은 숫자, 특히 연봉, 승진, 보너스에 대해 이야기하는 것이 괴롭다고 합니다. 30년 경력을 가진 대기업 임원이나 전문직 종사자도 자기 사업을 차린 뒤 컨설팅 비용을 고객에게 청구하는 게 너무나 어렵다고들 이야기합니다. 과거 회사를 위해서 몇십억씩 예산을 따낸 경험이 있지만 정작 본인이 받을 컨설팅 비용 몇십만 원은 주장하기 껄끄러워하는 것이지요. 반면 편의점에서 아르바이트하는 대학생이 오히려 자신의 몫을 꼼꼼하게 챙기는 모습을 보기도 합니다.

이렇게 스스로 어떤 대화 주제를 버거워하는지 한 번쯤 생각해 봐야 합니다. 그리고 이 주제에 관해서 이야기할 때 조금 더 신경을 쓰세요. 또한 비슷한 실수를 반복하지 않도록 예리하게 자신의 대화 습관을 검토해보세요.

말에도 근육이 있습니다. 자주 훈련해야 그 근육이 탄탄해집니다. 어렵다고, 불편하다고 피하면 결국 우리의 말은 앙상해집니다. 이 세 가지 방법으로 학습된 무기력의 늪에서 빠져나올 수 있기를 바랍니다.

결국 원장은 한 강사에게 노동법 위반 혐의로 신고를 당했습니다. 그제야 자신의 잘못을 시인했습니다. 원장을 신고한 강사는 학원에서 일하던 강사들 중 가장 늦게 입사한 친구였습니다. 당시 20대 중반이었던 저도 이 문제를 제대로 해결하지 못해 감정을 낭비했는데 갓 스무 살이 된 어린 강사가 원장의 불법행위를 잡아낸 것이었습니다.

그 강사는 함께 일했던 다른 강사들에게 이메일로 자신이 원장을 신고한 과정과 결과를 자세하게 알려줬습니다. 이메일을 읽으면서 10년 묵은 체증이 내려가는 것 같았습니다. 그중에서도 정신을 번뜩 들게 하는 구절이 하나 있었습니다. 아직도 그 문장이 기억납니다.

"상대가 내 발을 밟고 있는데 아프다는 소리를 하지 않는 것은 그와 나 모두에 대한 배려가 아닙니다."

Chapter 8

빠진 만큼 채워줘라

요구 뒤에 숨어 있는 욕구 읽어내기

여러분은 새벽 도매시장에서 제일 좋은 과일을 가지고 가게로 막 돌아왔습니다. 가게 불을 밝히고 여기저기 쌓인 먼지를 닦은 뒤 귤, 키위, 포도, 배 등을 진열했습니다.

아쉽지만 오늘은 사과를 사오지 않았습니다. 고객들이 제일 자주 찾는 과일이기는 하지만 장마 때문인지 오늘따라 단가가 너무 비쌌고 품질도 그리 좋지 않았습니다. 다행히 다른 과일은 상태가 괜찮고 가격도 크게 변동이 없었어요.

아침 9시, 엄마와 아이가 유치원 가는 길에 과일 가게에 들렀습니다. 매대에 나란히 놓인 과일을 기분 좋게 바라보는 손님을 보니 오늘 장사를 개시할 것 같다는 느낌이 듭니다. 그런데 이게 웬걸, 엄마가 과일을 훑으면서 이렇게 말합니다.

"어머, 사과를 사려고 했는데 오늘은 사과가 없나요?"

이제 금은방으로 옮겨보지요. 여러분은 은제품만을 다루는 보석 디자이너입니다. 여러분의 가게는 젊은이들이 많이 찾는 번화가에 있고 대학생이 주요 고객입니다. 학생들의 넉넉하지 않은 지갑 사정을 고려해 저가부터 고가까지 다양한 은제품을 만들어 판매합니다.

여러분은 밸런타인데이 대목을 앞두고 밤새워 다양한 제품을 디자인해 제작한 뒤 쇼윈도에 진열했습니다. 밸런타인데이 전날 저녁, 한 젊은 남성이 가게를 둘러보며 이렇게 묻습니다.

"저, 금목걸이를 구매하고 싶은데 이 가게에는 없나요?"

자, 여러분이 과일 가게 사장이나 보석 디자이너라면 이런 질문에 어떻게 대처해야 할까요? 즉, 상대의 요구를 당장 들어줄 수 없을 때 뭐라고 하면 좋을까요?

가장 쉬운 대답은 바로 '없다'입니다. 그것이 사실이니까요. 아쉽게도 그날은 도매시장에서 사과를 가져올 수 없는 날이었고 우리가 운영하는 가게는 은세공 전문점이니 금목걸이는 당연히 없겠지요? 그럼 "없습니다. 다른 곳에서 사세요!"라고 하면 될까요? 그것이 나와 상대 모두가 만족하는 최선의 답일까요?

아마 그렇지 않을 것입니다. 이런 순간이 바로 욕구를 읽어야 할 때입니다. 방금 소개한 사례처럼 상대가 원하는 것을 내가 당장 들어줄 수 없는 경우 혹은 상대가 원하는 것이 나에게는 존재하지 않는 경우를 이야기합니다. 다른 말로 하면 협상이 필요한 시점이지요. 조금 더 문제를 복잡하게 만들어 이런 갈등까지 곁들여 생각해볼까요?

1. 고객이 A를 원했지만 나에게는 A가 없었고 그래서 결국 고객을 잡지 못했다.
2. 그래서 A를 구비해놓았더니 어처구니없게도 다른 고객이 B를 원한다.
3. 고객의 니즈에 맞춰 A, B를 모두 준비했지만 그것이 늘 판매로 이루어지지 않는다.
4. 고객이 원하는 것을 가지고 있지 않아서 협상을 아예 해볼 수 없는 것도 속상하지만 원하는 것을 가지고 있는데 거래까지 이어

지지 않는 상황도 힘이 빠진다. 도대체 어디까지 노력해야 하는 것일까?

상대가 원하는 바를 제공하기 어려울 때 우리에게 필요한 자세는 바로 이것입니다.

'너의 요구를 들어줄 수는 없지만 욕구를 들어줄 수는 있다.'

물건을 사거나 거래를 하려는 사람이 모두 자신이 무엇을 원하는지를 정확히 알고 있을까요? 구체적인 품명, 서비스 항목을 콕 집어 요구하는 경우도 있지만 대부분은 '이 정도면 괜찮겠네' 정도의 마음으로 쇼핑을 시작합니다.

따라서 거래를 시작할 때는 먼저 다음과 같은 가능성으로 우리의 마음을 열어둘 필요가 있습니다.

1. 상대는 자신이 원하는 것을 정확하게 표현하지 못할 수 있다.

2. 만약 그가 원하는 것이 있다고 하더라도 답은 하나가 아니라 여러 개일 수 있다.

3. 겉으로 드러난 요구와 상대의 마음속에 숨겨진 욕구에는 간극이

존재할 수 있다.

    이를 염두에 두고 아까의 상황으로 다시 돌아가보겠습니다.

    여러분이 과일 가게 사장이라면 사과가 없다고 돌아서는 고객을 그냥 보내서는 안 됩니다. 이렇게 하나둘씩 고객을 빈손으로 보냈다간 그날 매출이 반 토막 날 것입니다. 여러분에게는 고객의 요구 뒤에 숨은 욕구를 읽어내는 능력이 필요합니다. 이렇게 욕구를 건드려보면 어떨까요?

    "맞아요. 오늘 아침 도매시장에서 신선하고 맛있는 사과가 보이지 않아 가지고 오지 못했답니다. 혹시 말랑말랑한 귤은 어떠세요? 아이들이 혼자서 먹기에는 사과보다 사실 귤이 더 편하잖아요. 마침 오늘 귤이 아주 신선하고 달아요. 먼저 하나 까서 드셔보세요. 이런 제철 과일이 아이들 면역과 감기 예방에 좋아요. 지금 막 가게 문을 열었으니 제가 몇 개 더 덤으로 챙겨드릴게요."

    겉으로만 봤을 때 고객의 요구는 사과였지만 그 속에 숨겨진 욕구는 아이의 건강을 생각하는 엄마의 마음일 수 있습니다. 그리고 엄마들은 대부분 싸고 맛있는 것에 점수를 후하게 주기도 하고요.

보석 가게도 마찬가지입니다. 고객이 원하는 금목걸이는 없지만 금제품은 취급 안 한다고 매몰차게 대답할 것이 아니라 어떤 이유에서 금목걸이를 찾는지를 물어볼 수는 있습니다. 백금목걸이와 은목걸이는 멀리서 보면 완벽히 구분하기 어렵다는 사실을 넌지시 말해볼 수도 있겠고요. 고객이 여자친구를 위해 선물을 사려고 했다면 금목걸이 하나 대신 은목걸이와 반지, 귀걸이 세트를 밸런타인 특가로 구매하는 것은 어떨지 물어볼 수도 있겠지요? 상대의 욕구를 탐색하기 전에는 절대 "없어요, 안 팔아요" 하면 안 됩니다.

반대의 경우도 살펴보겠습니다. 여러분의 요구가 상대에 의해 좌절되는 경우도 있겠지요? 이럴 때는 '사과를 살 수 없으니 그냥 오늘 과일을 포기할까?'라고 고민하는 수동적인 고객이 되기보다 스스로의 욕구를 충족할 방법을 역으로 제안해야 합니다. 요구가 달성되지 않는다고 바로 좌절하고 실망할 것이 아니라 여러분의 진짜 욕구를 다양한 방법으로 충족시킬 길이 있는지 고심해보는 것입니다.

연봉 협상을 예시로 들어볼게요. 여러분은 이직 면접을 성공적으로 마치고 연봉 협상 테이블에 앉았습니다. 인사담당자는 정해진 연봉에서 단 1000원도 더 올려줄 수 없다고 말합니다. 월급을 더 올리고 싶다는 여러분의 요구를 여러 가지 이유로 성사시키기 어렵다면 욕구를 채워봅시다. 휴가 일수 늘리기, 교육비 보조, 재택근무 날짜 늘리기, 출퇴근 시간 조율, 보너스 지급 날짜 당기기, 스톡옵션 추가 등이 가능할 것입니다. 연봉 인상이라는 요구에 갇히지 않고 더 나은 조건에서 일하고 싶다는 욕구를 풀어주는 대안을 만들 수 있습니다.

반대로 인사담당자의 욕구는 무엇일까요? 면접을 통과하기는 했지만 아직 능력이 검증되지 않은 후보자에게 흔쾌히 고액 연봉을 주는 것은 위험하다고 생각하겠지요? 여러분이 이직할 회사의 인사담당자 대부분이 '열심히 일하는 것을 보여주면 내년에는 연봉을 더 줄 수 있다'고 이야기하는 이유가 여기 있습니다. 이런 인사담당자의 욕구를 어떻게 충족시킬 수 있을까요?

연봉을 올려 받되 회사에서 역량을 확인할 수습 기간을 3개월에서 6개월로 늘리는 것을 제안하면 어떨까요? 연봉을 더 받는 조건으로 그해 교육비나 휴가일수를 약간 조정하는 방법은요?

연봉을 올리지 않는 대신 6개월 뒤 성과를 토대로 보너스를 지급하는 조건부 조항을 계약서에 넣는다면 어떨까요? 만약 회사에서 빠른 입사를 원한다면 근무 시작일도 협상 조건에 들어갈 수 있습니다.

상대의 요구와 욕구 모두를 다 맞춰주면 더할 나위 없이 좋겠지만 언제나 그 일이 가능하지는 않습니다. 그러나 상대의 속마음에 숨겨진 욕구를 능숙하게 읽어내는 것만으로도 충분히 만족스러운 결과를 만들 수 있습니다. 상대가 원하는 것이 정말 무엇인지 물어봐주고 그의 욕구를 충족시키기 위해 최선의 대안을 제안하는 행동 자체에 상대는 감동과 위안을 받을 수 있기 때문입니다.

나의 표면적 요구와 숨겨진 욕구, 상대의 표면적 요구와 숨겨진 욕구, 이 네 가지 요소를 염두에 두고 대화한다면 '나는 해줄게 없는데?' 혹은 '나는 받을 게 없는데?'라는 결핍 오류에서 벗어날 수 있습니다. 그러면 대화는 훨씬 흥미롭고 창의적으로 변화합니다.

미세 감정, 이제 마스크를 써볼까?
감정의 칼날을 집어넣는 법

테이블 건너편에 두 후보자가 있다고 가정해봅시다. 그 중 한 명을 여러분이 진행하는 프로젝트의 파트너로 고용할 예정입니다. 한 명은 태도가 차분하고 목소리 톤이 높지 않아 말을 알아듣기 좋은 반면 다른 한 명은 눈빛, 입꼬리, 전체적인 표정까지 어딘가 불편하고 뿔이 난 것 같아 보입니다.

문제는 이것입니다. 차분한 사람은 예상보다 보수를 높게 불렀고 어딘가 뿔이 나 보이는 사람은 여러분이 감당 가능한 보수를 달라고 합니다. 비용을 조금 더 지불하더라도 심리적으로 안정돼 보이는 파트너와 계약하는 것이 좋을까요? 아니면 어딘가 불편한 감정을 주는 사람과 적당한 비용을 지불하고 계약하는 것이 나을까요? 프리랜서가 아니라 수년간 한 조직에서 함께 일할 직원을 고용한다면 선택은 더 쉬워질까요, 어려워질까요?

아마도 여러분은 편안한 느낌을 주는 사람에게 한 표를 던질 것입니다. 불편한 사람과 일하면 금전적으로는 절약할 수 있겠지만 일을 하면서 지불해야 할 감정적 비용은 더 클 것이라는 사실을 알고 있기 때문이지요. 이렇듯 감정에도 가격이 있습니다.

감정은 칼과 같습니다. 유용한 도구이기도 하지만 그 자체로 위협이 될 수 있지요. 이 무기를 잘못 다뤘다간 자신과 타인을 모두 해칩니다. 감정을 삐뚤게 표현하거나 과도하게 드러내면 날카로운 칼날에 관계가 잘려나갈 수 있습니다.

복잡한 협상을 할 때 미리 짜놓은 각본에 따라 상대를 자극해 일부러 감정을 과격하게 표현하도록 만드는 경우도 있기는 합니다. 하지만 이는 극히 드문 사례입니다. 잃을 것이 없다고 판단한 상대가 사자처럼 감정을 포효하며 마지막 수를 던지길 기다리는 전략이지만 여러분이 이런 상황에 놓일 일은 거의 없을 것입니다. 감정을 지나치게 드러내는 것은 득보다 실이 많다는 점을 항상 머릿속에 새겨두면 좋습니다.

자, 그럼 불편하고 부정적인 감정을 어떻게 관리하면 좋을까요? 설득과 협상을 하다 보면 논리보다는 상대의 감정 표현 때문에 기분이 상하는 경우가 많습니다. 이럴 때 따라 하면 좋은 방법이 있습니다. 바로 감정에 마스크를 씌우는 것입니다.

이 행동은 눈에 보이지 않는 미세 먼지를 거르기 위해 마스크를 쓰는 것과 같습니다. 나 또는 상대가 무의식적으로 내비치는 감정의 불순물을 일차적으로 거르는 것이지요. 감정에 마스크를 씌우는 것은 다음과 같은 과정으로 이루어집니다.

첫 번째, 나와 상대방의 감정을 관찰합니다. 이때 필요한 것이 정서지능(정서가 주는 정보를 처리하는 능력)입니다. 정서지능의 핵심은 바로 자기 인식self awareness인데요. 나와 타인의 감정 변화를 눈치채고 그 변화의 곡선을 이해하는 것이지요. 기분과 감정의 그래프가 급격하게 올라가거나 떨어질 때 스스로에게 브레이크를 걸어보면 어떨까요? 이렇게 말입니다.

'지금 내 기분과 감정이 격해지려고 하는데? 아, 이 순간을 인식하고 침착하게 마스크를 쓰자. 누군가가 내 앞에서 감정의 기침을 하려고 하는구나. 나를 보호하기 위해서 한 발짝 뒤로 물러나 마스크를 쓰자.'

두 번째, 감정에 마스크를 씌운 채 나 자신에게 이렇게 질문해봅시다. '왜 나는(상대는) 이렇게 감정적으로 변했을까? 어떤 부분에서 기분이 상했을까? 어떤 단어나 문장 혹은 표현이 나를(이 사람을) 불쾌하게 만들었을까?' 하고요. 자신의 감정에 관해서라면 스스로에게 속으로 물어 확인하면 되고 상대의 감정에 관해서라면 차분한 목소리로 상대에게 직접 이렇게 질문해봐도 됩니다.

"실망을 많이 하신 것 같은데 제가 어떤 부분을 해결해드릴 수 있을까요? 제가 도와드릴 수 있는 일이 있을까요?"

세 번째, 공감과 가능성으로 마무리합니다. 감정에 뿔이 난 상대의 이야기를 듣고 그 이야기를 정리해서 그 사람에게 다시 보여주면 됩니다. 상대에게 "지금 그러니까, 이러이러한 부분 때문에 마음이 상하고 언짢아졌다는 말씀이시죠?"라고 확인받는 것입니다.

이때 우리의 목적은 화난 사람에게 "네"라는 대답을 듣는 것입니다. '내가 당신의 마음을 읽으려 노력했고 그것을 당신은 확인했다'는 사실에 상호 동의하는 과정이지요. 당신의 감정을 내가 확인했고 당신도 나의 노력을 인정했다는 것이 전제되면 다음 단계로 발전할 수 있습니다.

네 번째, 쉼표를 통해 다시 숨을 쉬게 만듭니다. 마음이 상한 사람에게는 바로 논리적인 솔루션을 제시하는 것보다 감정과 기분을 조금 추스를 시간을 주는 것이 좋습니다. 두 친구가 눈앞에서 싸우고 있을 때 바로 뜯어말리고 서로 사과하라고 하는 것보다 잠시 멈추고 자신의 감정을 돌보고 다독일 시간을 주는 것이 더 효과적일 수 있듯이 말입니다.

만약 이 4단계 방법으로도 상황의 진전이 없다면 최후의 수단이 있습니다. 그 자리를 잠시 빠져나오는 것입니다. 감정적으로 오염된 공기를 계속 들이마시는 것보다는 일단 대피하는 게 좋습니다. 우선 미팅을 종료하고 다음에 다시 만나자고 할 수도 있고 아예 며칠간 휴전하는 것도 괜찮은 방법입니다.

감정은 바이러스와 같이 전염력이 강합니다. 내 기분이 상대에게 큰 영향을 미치기도 하고 반대로 타인의 감정 기복 때문에 내

기분도 같이 롤러코스터를 타기도 합니다. 상대의 감정이 부정적으로 변화했다면 마스크를 끼고 한 발짝 뒤로 물러서 적절한 거리를 두는 것이 좋습니다. 변화를 관찰하고 질문과 공감을 해준 뒤 조언으로 마무리하세요. 때로는 휴식을 권유해봅시다.

최악은 상대와 함께 감정의 변화를 겪는 것입니다. 혹시라도 이런 반응이 상대가 머릿속으로 계산해둔 전략이었다면 대화의 주도권을 가져오는 것이 불가능해지기 때문입니다. 상대가 감정적일수록 우리는 더 침착하게 거리를 두면 됩니다. 상대의 언성이 커지면 커질수록 우리의 목소리는 더 차분해져야 합니다.

상대와 거리를 두고 우리의 마음을 보호할 마스크를 쓰면 감정을 오염시키지 않을 수 있습니다. 굳이 둘이 동시에 미세 감정이 가득한 공기를 마시며 괴로워할 필요는 없습니다. 미팅, 거래, 인터뷰 등 거의 모든 설득과 협상에서 감정의 기복을 최대한 줄이는 사람이 승자가 될 확률이 높습니다. 불필요한 감정은 들이마시지 마세요.

Chapter 10

불안을 빼주면 기회가 돌아온다

반드시 합격하는 자기소개서의 비밀

제가 만난 많은 대학생은 보통 이렇게 취업을 준비합니다. 나의 강점을 찾고 나의 관심을 알아보고 내가 좋아하는 일을 머릿속으로 그려봅니다. 그걸 바탕으로 자신이 원하는 회사를 찾아 지원서를 내고 답을 기다립니다.

그다음 전개는 어떻게 될까요? 지원한 회사는 열 군데가 넘지만 아무도 답을 주지 않아 상처를 받습니다. '어, 이상하다. 내가 좋아하고 잘할 것 같은 일자리에 지원서를 내는데 왜 회사는 나를 가능성 있는 인재로 봐주지 않을까? 면접에 뽑힌다는 것은 단순한 확률 싸움인가? 아니면 자기소개서에 스토리가 더 있어야 하나?' 하고 고민합니다. 그렇게 지원서를 고치고 또 고쳐봅니다. 취업준비생들이 얼마나 더 자기소개서를 잘 써야, 얼마나 더 여러 군데 지원을 해야 합격할까요?

구직을 시험처럼 공부하는 학생은 이런 실수를 반복합니다. 시험에서는 열심히 교과서를 암기하면 누구나 어느 정도 점수를 낼 수 있습니다. 이때 출제자는 다양한 선택지를 섞어 시험지를 만듭니다. 성적을 낼 수 있는 자와 그러지 못하는 자를 나누는 장치를 의도적으로 만들어내는 것입니다.

하지만 구직은 시험이 아니라 비즈니스입니다. 우열을 구분하겠다는 의도가 숨겨진 시험이 아닙니다. 그럼 비즈니스의 기본은 무엇일까요? 바로 '공동의 이익 추구'입니다. 따라서 입사 지원서를 작성할 때는 합격과 불합격이라는 이분법적인 목표가 아니라 그 회사와 함께 이익을 추구하고 창출하겠다는 목표를 세워야 합니다.

앞서 예시를 들었던 과일 가게 사장을 기억하나요? 그의 비즈니스는 어떻게 이루어질까요? 사장은 새벽 일찍 일어나 용달차를 끌고 도매시장으로 나가 가장 신선하면서도 싼 과일을 떼와

진열합니다. 그러면 과일이 필요한 소비자는 도매시장에 가지 않고 집 근처에서 편하게 물건을 구매합니다.

물론 과일 가게 사장이 파는 과일은 도매가보다 비쌉니다. 하지만 소비자에게는 이런 이득이 있지요. 꼭두새벽에 일어나 트럭을 운전할 필요가 없다, 집 근처에서 편하게 살 수 있다, 딱 먹을 만큼만 구입할 수 있어 버리는 것이 없다, 날카롭고 꼼꼼하게 좋은 과일을 선별하는 사장의 눈썰미 덕에 맛있는 과일을 먹을 수 있다. 우리는 이런 편리함을 위해 과일 가게 사장에게 기꺼이 웃돈을 지불합니다. 사장은 이 과정에서 돈을 벌고요. 이처럼 비즈니스는 소비자와 판매자 모두를 만족시켜야 돌아갑니다.

이걸 취업에 적용하면 어떻게 될까요? 그렇습니다. 나의 취업이 회사에 이득이 돼야 합니다. 정확하게 말하면 회사는 여러분에게 줄 이득에 대해 관심이 없습니다. 따라서 자기소개서에 내가 회사에 줄 수 있는 이득에 대한 이야기가 빠지면 비즈니스의 본질을 모르는 사람이라 생각해 탈락시킵니다.

자, '나는 그 일을 오랫동안 해보고 싶었다. 나는 그 일을 잘할 것 같다. 나는 그 일에 대한 열정이 있다'와 같은 내용으로 가득 찬 자기소개서를 다시 읽어봅시다. 회사 입장에서 이런 후보자가 왜 매력적이지 않은지 감이 잡히나요? 본인의 이야기만 있을 뿐 앞으로 어떻게 공동의 이익을 추구할지에 대한 내용이 전혀 없습니다. 나에 대한 황홀한 설명만 있고 상대에 대한 객관적인 분석은 전혀 없는 자기소개서가 설득력을 발휘하기는 힘듭니다.

그럼 어떻게 내용을 바꾸면 될까요? 나의 이야기와 상대의 이야기를 적절하게 섞으면 됩니다.

'내가 분석한 당신의 회사는 이러이러한 회사다. 당신의 회사에 어떤 전략과 비전이 있는지 잘 알고 있다. 그 내용을 토대로 이 회사에서 내가 어떤 일들을 할 수 있을지 생각해봤다. 구체적인 내용은 다음 세 개다. 이 아이디어는 나의 강점과 경험들을 바탕으로 구성됐다.'

자, 어떤가요? 나와 상대의 교집합이 머릿속에 그려지나요? 여러분이 인사담당자라면 이 자기소개서가 매력적으로 느껴질 것입니다.

자기소개서는 이름처럼 자기를 소개하는 것에서 그치면 안 됩니다. 진정한 자기소개서는 '우리소개서'입니다. 그 소개서를 읽을 사람의 관심과 마음이 들어가야 합니다. 인사담당자는 물론 회사 간부들의 시각과 이득, 회사와 회사가 속한 산업에 관한 이야기가 반영돼야 합니다. 현직자가 읽었을 때 통하는 부분이 있어야 한다는 뜻입니다.

모든 인간에게는 인정 욕구가 있습니다. 하루에도 수백 통씩 이력서와 자기소개서를 검토하는 인사담당자도 마찬가지고요. 그가 무슨 일을 하는지를 깊이 이해하는 것은 그의 인정 욕구를 채워주며 강력한 신뢰를 형성합니다. 이렇게 만들어진 신뢰는 설득의 첫 번째 계단을 만들어줍니다.

최근 제가 만난 고객의 사례를 한번 살펴보겠습니다. 저의 고객 A는 한국에서 몇 년간 직장 생활을 했습니다. 그리고 남편의 유학으로 결혼과 동시에 호주로 떠났습니다. 남편이 박사 공부를 할 동안 A는 전업주부로 살림을 꾸리며 틈틈이 영어를 공부했습니다. 공부를 마친 남편이 교수직을 제안받고 유럽으로 떠나야 하게 되자 A는 큰 결단을 내렸습니다. 바로 유럽의 한 대학원 석사 과정에 진학해 인사 관리 분야를 공부하기로 한 것이지요.

사실 A는 한국에서 인사와 관련된 학위나 경력을 전혀 취득하지 않았습니다. 호주에서 영어를 공부하긴 했지만 그 공부 역시

대학원을 목표로 한 것이 아니었어요. 그러나 이번에는 남편을 뒷바라지하는 일을 마무리하고 대학원에 진학해 자기 자신을 위한 공부를 시작하고 싶었습니다. 그리고 유럽에서 인사 전문가로 새로운 커리어를 쌓고 싶었습니다. 한국에서 수년간 세일즈 분야에 종사할 때 막연하게 배워보고 싶었던 인사 분야를 뒤늦게라도 공부하고 싶었습니다.

그런데 A가 지원하려고 하는 석사 과정은 단순히 학점이나 영어 성적, 학비가 있다고 해서 입학할 수 있는 과정이 아니었습니다. 입학처장과의 인터뷰를 통해서 자신이 얼마나 역량 있는 학생인지, 관련 경력과 경험이 전혀 없는 전업주부가 이 공부를 어떻게 따라갈 수 있고 왜 하고 싶은지를 증명해야 했습니다.

취업 준비생과 방향만 다를 뿐 원하는 자리를 얻어내기 위해 어필해야 한다는 것은 같은 상황이지요? 자, 만약 여러분이 A의 입학 인터뷰를 코칭해야 한다고 가정해봅시다. 어떻게 하면 그를 대학원 입학처장 마음에 쏙 들게 해서 인사 전문가라는 꿈을 이루게 해줄 수 있을까요?

설득의 사전적 의미는 '상대가 나의 이야기를 따르도록 여러 가지로 깨우쳐 말하기'입니다. 그러기 위해서는 설득의 결과를 두 부분으로 나눠 설명할 수 있어야 합니다.

앞으로 누군가를 설득하고 싶다면 빨간색 하나, 파란색 하나로 구성된 버튼 한 쌍을 생각하면 됩니다. 이 두 버튼을 고르게 누르는 것이 핵심입니다. 사람마다 혹은 상황마다 어떤 사람은 빨간 버튼을 좋아할 수 있고 어떤 사람은 파란 버튼을 선호할 수 있기 때문인데요. 자, 하나씩 살펴보겠습니다.

빨간 버튼은 상대가 가지고 가는 이득에 대한 버튼입니다. '내가 좋아하는 일을 하고 싶어서 당신 학교에 들어가고 싶다'로는 설득이 어렵습니다. 이 설득에는 나의 이익만 있을 뿐 상대의 이익은 전혀 없습니다. 그럼 어떻게 바꾸면 될까요? 내가 입학함으로써 상대(학교)가 얻을 혜택, 명성, 가능성, 기회, 도전 등에 관해 이야기하면 됩니다.

'호주에 있는 학교에 비해 유럽에 있는 학교에는 한국 출신 학생이 적으니 이번 기회를 통해 이 학교의 뛰어난 커리큘럼을 한국에 알리고 싶다' 같은 것이 그 예시가 될 수 있습니다. 대학원의 다양성diversity을 살리는 데 필요한 매력적인 구성원이 될 수 있다는 이야기도 좋고요. 지난 몇 년간 호주에 살면서 한국인의 시각으로 바라본 서양 문화에 대한 이해가 인사 분야를 연구하는 데 유용할 것이라거나 동양과 서양 문화를 고르게 알고 있다는 장점에 대해 말해볼 수도 있습니다. 핵심은 '내가 이 학교에 들어오면 당신이 가져갈 이득을 충분히 말할 수 있을 정도로 나는 준비가 됐다'를 보여주는 것입니다.

한편 파란 버튼은 상대가 느낄 불안감을 감소시켜주는 버튼입니다. 상대를 잘 설득하지 못하는 이유는 바로 그의 불안감이 완전히 해소되지 않아서입니다. 이 인터뷰에서 입학처장이 느낄 만한 두려움은 무엇일까요? '전업주부였던 A가 어렵고 팀 프로젝트도 많은 석사 과정을 잘 따라갈 수 있을까? 혹시 실력이 부족해서 함께 공부하는 다른 학생에게 피해가 가지 않을까?' 정도겠지요. 이런 불안을 하나하나 미리 읽어내는 것입니다.

A에게 저는 입학처장의 근심 걱정을 어떻게 풀어줄 수 있는지 구체적으로 설명해달라고 했습니다. 그는 일단 들어가서 열심히 공부할 마음만 가지고 있었기에 처음부터 답을 잘 하지는 못했습니다. 그래서 하나하나 함께 생각해보기로 했습니다. 그리고 이런 대안을 도출해냈습니다.

1. 입학 전 인사 분야의 학술지를 구독하고 분석한다.

2. 입학 후 학생들이 가장 어려워하는 부분을 미리 준비한다. 수업 시간에 써야 하는 보고서와 에세이를 연습으로 써본다(영어 작문 과외, 인터넷 강의 수강 등).

3. 입학 전 인사에 관련된 네트워킹을 미리 형성해두거나 인사 문제를 둘러싼 한국의 동향과 트렌드를 분석해둔다(수업에서 한국의 글로벌 기업들의 인사 전략을 소개하기 위함).

여러분이 입학처장이라면 이 세 가지 대안을 듣고 어떤 결정을 내릴 건가요? 걱정거리를 해결해주는 것만으로 입학처장의 마음을 움직일 수 있을까요?

여기서 한 가지 더 기억해야 할 점이 있습니다. 이런 대안이 단순히 입학 전략에 그쳐서는 안 된다는 것입니다. 나의 능력을 의심하는 사람의 환심을 사기 위해 실천하지도 않을 계획을 그럴듯하게 이야기해서는 안 됩니다. 입학한 뒤 실제로 외국어로 하는 수업을 이해하고 외국인 학생들과 토론하고 배운 내용을 정리해 시험을 보는 것이 입학 자체보다 몇 배는 더 중요합니다. 좋은 기회를 얻었으면 그 기회를 반죽해서 자신만의 멋진 작품을 만들 줄도 알아야 한다는 뜻입니다. 여러분이 제시한 대안을 진짜로 따라 할 의지를 가지고 있어야 하고 그 대안이 실제로 유용해야 합니다.

A의 코칭을 마무리하고 일주일 뒤에 연락을 받았습니다. 입학 처장의 따뜻한 환영과 함께 대학원에 합격했다고요. 이렇게 잘 다듬어진 자기소개서는 타인의 마음을 바꾸는 데 그치지 않고 자신의 생각과 마음까지 단단하게 만들어줍니다. 타인을 향해 말하기 전에 스스로를 먼저 설득해야 하니까요.

Chapter 11

43만 원짜리 벌금 딱지, 말로 계산한다면
상대와 한 배 타기

2020년의 마지막 날, 저희 가족은 새로운 아파트로 이사를 했습니다(제가 살고 있는 싱가포르에서는 아파트를 '콘도'라고 부른답니다). 2년 계약을 하고 살아온 집이 새 주인에게 팔리면서 두 달의 고민 끝에 집을 옮기기로 했지요.

이사를 마친 지 일주일이 되지 않아 현관 벨소리가 울렸습니다. 인터넷으로 주문한 택배가 왔을 거라 생각하고 문을 열었는데 덩치 큰 경비원 두 명이 뚱한 표정으로 저를 바라보고 서 있었습니다. 왜 저를 찾는지 짐작이 가지 않아 이유를 묻자 이런 대답이 돌아왔습니다.

"당신이 쓰레기를 무단으로 버려서 이렇게 경고장을 가지고 왔습니다. 이 경고장 내용을 읽었다고 서명하시죠."

"쓰레기요?"

이사를 하면서 100개나 되는 박스를 분해해 지정된 곳에 버렸는데 무슨 이야기인지 당황스러웠습니다. 이삿짐을 풀 때 나온 쓰레기 역시 모두 봉투에 넣어서 지하실에 있는 큰 쓰레기통에 버렸는데요. 한국도 마찬가지지만 싱가포르의 거의 모든 공공장소에는 CCTV가 있습니다. 벌금의 나라라고 불리는 싱가포르에서 제가 혹은 우리 가족이 이런 실수를 할 리 만무했습니다. 저는 이렇게 말을 이었습니다.

"뭔가 오해를 하신 것 같은데 저희 가족은 절대 무단으로 쓰레기를 버린 적이 없습니다. 사진에 나온 이 박스는 저희 집에서 나온 게 아니에요. 저는 처음 보는 박스인걸요?"

"쓰레기통 옆에 놓인 저 큰 나무 상자가 당신 것이 아니라고요? 박스 위에 당신 집 주소가 저렇게 크게 써 있는데요? 당신이 직접 버리지 않았다고 해도 당신이 주문한 물건을 배달한 사람이 상자를 무단으로 투기했다면 책임은 당신이 지는 겁니다. 당신으로 인해 일어난 일 때문에 우리 청소 담당 직원이 힘들게 상자를 치워야 하니까요. 이 일에 대한 벌금은 500달러입니다. 콘도 행정 오피스로 가서 벌금을 지불하세요."

경비원의 냉정한 대답에 저는 잠시 할 말을 잃었습니다. 500싱가포르달러는 한화로 43만 원 정도입니다. 우리 가족은 저 상자를 가진 적도, 본 적도 없는데 머리가 멍해졌습니다. 이사 온 뒤로 저런 큰 나무 상자로 포장된 택배를 받아본 적은 없었어요. 게다가 50달러도 아니고 500달러라니요? 아직 콘도 단지를 제대로 구경조차 못한 새내기 가족에게 웬 벌금이랍니까?

행정 명령서를 받아든 저는 기분이 확 상했습니다. 제가 강력하게 '절대 아니다'를 주장하니 경비원은 이 서류를 만든 행정 직원과 직접 말해보라고 이야기했습니다. 이런 공문을 당사자에게 보여주고 인지시키는 것까지가 본인의 의무라면서요. 그 짧은 순간 분위기는 급속도로 냉랭해졌습니다.

그때 머릿속에 이런 문장이 스쳐 지나갔습니다. "입장 차이 때문에 억지로 싸움을 일으키지 말아라"였지요. 경고장에 서명하라고 종용하는 경비원과 그런 쓰레기를 본 적도 없다는 주민, 둘 다 각자의 자리에서 목소리를 높이는 상황이었습니다. 분위기를 녹일 수 있는 것은 바로 서로의 입장을 비틀어보는 것뿐이었습니다. 저는 대화의 톤을 이렇게 바꿔봤습니다.

"경비원님, 저와 저희 남편은 올해로 싱가포르에 산 지 10년이 넘었습니다. 싱가포르가 어떻게 돌아가는지 잘 알고 있는 사람이에요. 이 콘도에 이사 온 지는 일주일도 되지 않았지만 그전에도 여기서 10분 정도 떨어진 다른 대규모 콘도 단지에 살았습니다. 이런 대단지에서 살려면 주민끼리 배려하고 규율을 지키는 것이 너무나 중요하다는 점을 잘 알고 있습니다.

저도 경비원님의 고충과 어려움을 이해합니다. 이런 불쾌하고 좋지 못한 소식을 전달하는 분이니 스트레스도 많이 받으시겠지요. 정말 저는 쓰레기를 버린 당사자가 아니지만 어쩌면 경비원님은 매일 저와 같이 '본인은 절대 그런 일을 하지 않았다'고 이야기하는 분들을 만나실지도 모르겠어요.

저는 세 살 된 아이의 엄마고 아이에게 정직함을 가르치는 어른이기도 합니다. 이 쓰레기를 제가 혹은 저희 가족이 버렸다면 그 일이 불법인 줄 몰랐다 해도 그 실수에 대해서 기꺼이 벌금을 내고 사과를 할 수 있는 사람입니다. 그러나 이 쓰레기가 저희 집과 아무런 상관이 없다면 경고장을 받았다는 이유만으로 그냥

500달러를 낼 수는 없습니다. 아마 경비원님이 제 입장이라도 같은 생각이실 거예요.

지금 경비원님과 저는 여기서 실랑이를 할 것이 아니라 누가 무단 투기를 했는지 찾는 한 팀이 돼야 하지 않을까요? 지금 바로 행정 사무실로 가서 누가 이런 쓰레기를 투기했는지 확인해보고 관련된 일을 처리하겠습니다. 저희 집에서 나온 쓰레기는 아니지만 어떤 연고로 그 박스에 저희 집 주소가 적혀 있었는지 저도 최대한 같이 조사해보겠습니다. 진짜 범인을 잡으실 수 있도록 최선을 다해 경비원님과 행정 팀을 도울게요."

몇 분 전까지만 해도 저를 '몰상식하게 쓰레기를 버린 철없는 아줌마'로 취급하던 경비원의 눈빛이 바뀌었습니다. '당신이 범인이다'라고 단정 짓고 윽박지르듯이 말하던 경비원은 꼬리를 살짝 내리고 이렇게 이야기했습니다.

"이렇게까지 아니라고 하시니까 저도 아닐 수 있다는 가정을 하고 말씀드립니다. 저도 답답하지만 이미 이렇게 사건 번호와 경고장이 발급됐으니 그냥 넘어갈 수는 없습니다. 이상하게 지난 1, 2년간 무단으로 쓰레기를 투기하는 사람들이 많아졌고 그것들을 처리하기 위해서 여러 가지 비용과 시간을 낭비하게 됐거든요.

이런 일을 매일같이 해야 하는 저의 입장을 이해해주니 정말 고맙고 진짜 범인을 잡기 위해서 협력해주셨으면 좋겠습니다."

몇 분 전까지만 해도 살벌했던 분위기가 차분해졌습니다. 저는 바로 행정 사무실로 내려가서 저의 입장을 이야기했습니다. 경고장을 작성했던 직원을 만나 제가 느낀 억울함을 차근차근 설명했습니다. 이 사건의 결과는 어떻게 됐을까요? 싱거운 결말이지만 모든 CCTV를 분석해도 진범을 찾을 수는 없었답니다. 아쉽지만 사건은 그렇게 종결됐습니다. 물론 저에게 부과된 벌금 딱지는 무효화됐고요.

콘도 단지를 지나다 보면 저에게 경고장을 줬던 덩치 큰 경비원을 자주 만납니다. 저는 그에게 언제나 먼저 눈인사와 가벼운 목례로 감사를 전합니다. 그러면 그도 저에게 미소로 화답하지요.

누가 범인인가로 말싸움을 계속했다면 서로를 몰상식한 사람으로 여기고 오랫동안 기분이 상했을 것입니다. 싸워서 이긴 사람만 승자가 된다는 생각으로 대화했다면요. '당신과 나의 목표는 상반된 것이 아니고 우리가 공통으로 추구하는 것은 잘못을 바로잡는 일이며 함께 그 목표를 달성하겠다'는 마음으로 접근하면 적군도 아군이 될 수 있다는 교훈을 배운 사건이었습니다. 이것을 저는 '한 배 타기 기법'이라고 부릅니다.

부동산을 거래할 때도 한 배 타기 기법을 사용할 수 있습니다. 마음에 쏙 드는 집을 찾았는데 같이 있던 배우자가 무언가 머뭇거릴 때 누구와 한 배를 탈 수 있을까요? 맞습니다. 공인중개사를 한 배에 태우며 이렇게 이야기할 수 있습니다.

"배우자는 제가 어떻게든 설득해볼게요. 저 사람이 주저하는 이유가 아마도 집의 위치(또는 교통, 노화된 집 상태, 작은 부엌, 시설 문제 등 바꿀 수 없는 문제)일 텐데 제가 마음을 돌려볼게요. 중개사 님은 집주인과 월세(또는 관리비, 입주 날짜, 인테리어 비용 등 바꿀 수 있는 문제)를 해결해주세요. 저랑 의기투합해서 이 거래를 최대한 잘 그리고 빨리 성사시켜요."

상반된 관계를 한번 비틀어보세요. 다른 목표를 향해 말싸움하는 것이 아니라 다른 출발점에서 시작했지만 공통된 목표를 향해 뛰고 있다고 상황을 재해석해봅시다. 평소 나와 다른 생각을 가진 사람이 있다면 그에게 어떤 새로운 목표를 소개할 수 있을지 생각해보세요.

Chapter 12

유능한 리더의 비밀 무기
동기를 끌어올리는 세 가지 요소

40대 초반인 W는 잔뼈가 굵은 영업맨입니다. 그는 키가 아주 크고 까만 뿔테 안경을 썼으며 목소리도 굵습니다. 대학교에서 운동을 전공했고 거의 매일 저녁 달리기를 할 정도로 자기 관리에 뛰어난 사람입니다. 한 번만 만나도 누구나 그를 기억할 정도로 강렬한 인상을 가지고 있습니다. 이런 W를 표현하는 단어로 '거친 카리스마'만큼 적당한 말은 없겠네요.

W는 자기 입맛에 맞는 사람들로 팀을 꾸려 일하는 데 익숙했습니다. 그 덕분에 매해 좋은 성과를 기록했고 업계에서 주는 상

도 여러 번 탔습니다. 자연스럽게 회사에서도 능력자라고 불리며 오랫동안 주목을 받았어요.

그런데 갑자기 W는 예상하지 못한 큰 변화를 맞았습니다. 그가 다니던 회사가 다른 외국계 회사와 합병되면서 새로운 직원 여덟 명을 팀원으로 맞이하게 된 것입니다. W가 10년간 몸담은 회사는 전형적인 한국의 대기업이었는데 이 사건으로 그는 외국계 스타트업의 조직 문화를 간접적으로 경험하게 됐습니다.

늘 면접과 지인 추천을 통해 자신의 팀을 구성해온 W는 한 가지 고민이 생겼습니다. 바로 새로 온 직원들과 전혀 소통이 안 된다는 것이었습니다. 자신의 스타일에 맞는 사람만 뽑아 가르치며 터득한 관리 능력으로는 이 직원들을 다룰 수 없었습니다. 그들은 무슨 일을 시키려고 하면 그것이 지금, 왜, 꼭 필요한 일인지 꼬박꼬박 확인하고 자신과 생각이 다르면 그 일은 불필요한 것 아니냐고 되물었습니다. W는 새 직원들 때문에 에너지와 시간이 이만저만 소요되는 것이 아니라고 푸념했습니다.

손발이 척척 맞았던 기존 직원들과 달리 시켜도 못 들은 척하는 새로운 직원들과 일을 하려니 매일매일 스트레스를 받았습니다. 성과를 내지 못하면 팀의 규모를 줄여야 한다는 압박감에 밤

잠까지 설쳤습니다. 과거에는 '날아다니는 협상가'라는 평가를 받았는데 지금은 자신의 팀조차 관리하지 못하고 있다는 것에 자괴감을 느꼈습니다. 그는 저에게 이렇게 고민을 털어놓았습니다.

"저는 지금까지 회사를 대표해 나선 복잡한 협상에서 밀린 적이 별로 없습니다. 중소기업에서 커리어를 시작했기에 이 바닥의 생리를 아주 잘 알고 있거든요. 형, 아우 하는 인맥도 여기저기 있고요. 이 업계에서 저를 모르는 사람이 없습니다. 그러니 회사 밖에서는 어떤 어려운 협상 과제를 가져다줘도 해볼 수 있어요. 호락호락하지 않아 보이는 이미지도 한몫하고요. 저희 회사의 상품과 서비스에 대한 자부심도 큽니다.

그런데 지금은 고작 제 팀에서 일어나는 갈등조차 해결하지 못하는 무능한 리더가 됐습니다. 적군과 싸우려면 내부의 협동이 가장 중요한데 이런 분위기로는 앞으로 어떻게 팀원들과 함께 일해야 할지 모르겠습니다. 처음 보는 외부인의 환심을 얻는 것보다 매일 만나는 팀원의 마음을 움직이는 게 더 어렵다는 사실을 이번 기회로 깨달았습니다. 어떻게 해야 우리 팀원들의 마음을 움직일 수 있을까요? 기존 직원들과 새 직원들의 갈등을 풀고, 새 직원들이 저를 리더로 받아들이게 하고, 그들과 손발을 맞출 방법이 과연 있을까요?"

　많은 사람이 협상을 외부인과 치르는 일시적 거래로 한정합니다. 회사와 회사, 회사와 개인 간 거래처럼 일상에서 부딪힐 없는 사람과 대화하는 것만이 협상이라고 여기지요. 하지만 협상은 꼭 계약서를 만들 때만 하는 일이 아닙니다. 지지, 응원, 믿음과 같은 눈에 보이지 않는 자원을 얻을 때도 협상이 필요합니다. 사실 이런 자원을 확보하지 못하면 물질적인 결과를 이뤄내기 힘들기도 하고요.

　W처럼 팀을 이끄는 리더일수록 내부인을 향한 협상 리더십을 필수로 가져야 합니다. 좋은 리더는 좋은 협상가입니다. 자, 이제 여러분이 W에게 필요한 리더십의 방향을 설정해야 한다면 뭐라고 이야기할 것인가요?

　먼저 저는 W에게 이렇게 물었습니다. 현재 새로운 업무와 리더에게 적응해야 하는 직원들의 마음이 어떤 상태일지 추측해서 이야기해달라고요. 그는 잠시 생각하다가 이렇게 답했습니다.

　"그들도 현재 참 많이 답답할 것입니다. 본인들이 원한 변화가 아니었으니까요. 겉으로 티를 내지는 않지만 다른 외국계 회사로 이직해서 익숙한 조직 문화로 돌아가고자 하는 사람들도 분명 있을 거예요."

저는 그와 함께 이 문제에 대해서 자세히 탐구해보기로 했습니다. 팀원에게 더 깊이 공감해보면서 그들이 진짜 원하는 게 무엇인지 알아보는 것이지요. 앞서 이야기한 것처럼 요구가 아니라 욕구를 읽을 때 대화가 진행됩니다. 새로운 팀원의 감정과 욕구를 제대로 읽어야만 좋은 전략을 세울 수 있겠지요.

지금 이 직원들은 W를 어떻게 바라보고 있을까요? 자유로운 외국계 회사에서 일하다 갑자기 보수적인 대기업에 편입된 직원들의 마음 상태는 어떨까요? 큰 풍채와 굵은 목소리를 가진 W를 상사로 모시게 된 그들의 마음을 추측해볼까요? 아무래도 이렇지 않을까 싶습니다.

1. 규율과 제약이 적었던 외국계 회사와 달리 상부의 결재를 여러 차례 거쳐야 하는 대기업의 복잡한 업무 절차에 대한 혼란스러움
2. 일의 성과뿐만 아니라 상사와의 관계도 신경 써야 하는 미묘한 조직 문화에 대한 부담

3. 이미 W와 손발을 잘 맞추는 기존 직원들과 융화될 수 있을지에 대한 의구심

4. 새로운 회사의 전략과 서비스를 최대한 빠르게 습득해야 한다는 스트레스

5. 이 회사에서 얼마나 일할 수 있을지, 이직을 고려해야 할지 모른다는 불안감

심리학자 리처드 라이언Richard Ryan과 에드워드 데시Edward Deci는 자율성, 유능성, 관계성이라는 세 가지 심리욕구가 인간의 내부 동기에 지대한 영향을 준다고 주장했습니다. 여기서 인간의 내부 동기란 '스스로 힘을 내 어떤 일을 하고자 하는 욕구'를 말하는데요. 이 이론을 바탕으로 W의 새로운 팀원들의 내부 동기를 올릴 방법을 알아봅시다.

우선 인간의 내부 동기는 '자율성autonomy'에 따라 달라집니다. 방 청소를 하려고 마음먹었는데 마침 엄마가 방이 너무 더럽다며 잔소리를 퍼붓는다면 어떨까요? 청소하고 싶은 마음이 싹 사라질 것입니다. 누구나 이런 경험 한번쯤 해봤을 거예요.

왜 그럴까요? 바로 우리의 자율성이 위협받았기 때문입니다. 자율성이란 외부에 강요받지 않고 자신의 선택과 행동을 조절하고 싶다는 욕구를 의미합니다. 스스로 해보려고 했는데 누군가 해내라고 잔소리하는 순간 자율성을 침해받은 우리는 의욕을 잃어버립니다. W의 직원들은 모두 본인이 원하지 않은 환경 변화에 적응하라는 숙제를 받았습니다. 갑작스러운 합병이 경력에 꼭 부정적인 영향을 미치는 것은 아니지만 자율성에 기반을 둔 변화가 아니니 무기력함을 느끼는 것이 당연하지요.

그렇다면 어떻게 직원들의 자율성을 높여줄 수 있을까요? 새로운 일을 시작할 때 스스로 계획을 짜고 실행할 기회를 적극적으로 제공해야 합니다. 이전 회사와 완벽하게 같은 조직 문화를 제공할 수는 없겠지만 적어도 상사로서 그들의 불편함을 눈치채고 적극적으로 해결해주려는 모습을 보여주는 것이 필요하겠지요. 새 직원들의 역량을 일대일로 알아보고 그것에 맞춰 스스로 업무를 수행하고 보고하게 하는 장치를 만들어야 합니다.

인간의 내부 동기에 영향을 미치는 두 번째 요소는 유능성 competency 입니다. 인간은 누구나 자신의 역량을 발휘하고 꾸준히 향상시키기를 바랍니다. 자신의 수준에 맞는 과제를 수행하고 그 과정에서 스스로 유능하다는 느낌을 충분히 받으면, 즉 유능성을 충족시키면 자연스럽게 내부 동기가 올라갑니다. 따라서 새로운 회사에 들어와 어딘가 모르게 위축돼 있을 팀원들의 유능성을 향상시키는 전략이 필요합니다.

예를 들어 새로운 직원과 기존 직원이 모두 모여 지금까지 성공시킨 프로젝트들에 대해서 발표하게 하면 유능성이 올라갈 것입니다. 반대로 실패한 프로젝트들에 관해 함께 살펴본 뒤 '나라면 이 프로젝트를 이렇게' 같은 주제로 발표하게 해도 좋습니다. 각자가 가진 새로운 관점과 재능을 자연스럽게 알리는 시간이 될 테니까요.

심리학자 미하이 칙센트미하이Mihaly Csikszentmihalyi도 '몰입flow'이라는 이론을 통해 비슷한 이야기를 합니다. 도전적인 과제를 통해 유능성이 충족될 때 몰입이라는 행복의 감각을 느낄 수 있다는 주장인데요. 앞서 이야기한 자율성과 유능성이 적절하게 결합되면 내부 동기는 더욱 올라갑니다.

마지막 요소인 관계성relatedness을 살펴봅시다. 관계성이란 타인과의 관계에서 조화를 이루며 느끼는 안정감을 의미합니다. 단순히 사람들 사이에서 우월한 지위를 확보하는 것을 넘어 그들과 의미 있는 관계를 맺고 싶다면 특히 관계성이 중요합니다. 낯선 조직 문화와 업무 환경에 놓인 새로운 팀원들에게 다양한 방법으로 소속감과 연대감을 느끼게 해주는 것이 관건입니다.

일반적인 대기업에서는 이를 위해 회식이나 야유회 같은 전통적인 방법을 떠올릴 것입니다. 하지만 새로 온 직원들은 그 방법에 거부감을 느낄 수 있으니 일대일 멘토링을 진행하거나 사내 혹은 외부 코치를 영입해서 관계성을 형성하는 프로그램을 열어보는 것이 좋습니다. 세 명 정도 그룹을 지어 사이드 프로젝트나 취미 활동을 해보도록 지원하는 것도 한 방법입니다. 자연스럽게 소속감을 느끼게 만들어 새로운 일과 인간관계가 위협이 아닌 기회가 될 수 있다는 사실을 알려주는 것입니다.

자, 이제 W의 케이스에서 조금 벗어나 이 세 가지 요소를 여러분의 대화에 적용해본다면 어떨까요?

우선 자율성을 살펴봅시다. 상대에게 자율성을 느끼게 하려면 협상과 설득의 과정에서 스스로 결정할 수 있는 부분이 있음을 지속적으로 강조하면 됩니다. 사람은 자신이 가진 힘의 크기에 상관없이 자율성을 박탈당하는 것에 거부감과 공포를 느낍니다. 시간, 공간, 순서, 질과 양 등 상대에게 자율성을 줄 수 있는 조건을 생각해보세요. 그리고 그 수준을 상대가 스스로 정할 수 있도록 독려해주면 대화가 훨씬 수월해집니다.

두 번째로 유능성입니다. 상대가 잘하고 좋아하며 그의 강점으로 보이는 부분을 아주 구체적으로 칭찬합니다. 이때 상대가 타고난 유능성에 협상의 주제가 가진 특징을 섞습니다. 집을 거래한다고 가정하면 "집을 멋지게 꾸민 걸 보니 디자인 감각이 뛰어나신 것 같아요"같이 집의 관리 상태, 위치, 분위기 등을 상대의 유능성과 함께 묶어서 칭찬하면 되겠지요. 대화 중 긍정적인 감정을 느끼게 만들어주는 것, 기분 좋게 소통을 시작하고 마무리할 수 있다는 희망을 주는 것이 중요합니다.

마지막으로 관계성입니다. 협상을 통해 상대가 얻게 될 관계, 소속감, 안정감을 강조합니다. 가령 구직자의 희망 연봉을 맞춰줄 수 없을 때 회사가 가진 인적 자원을 강조하는 것, 즉 입사를 하면 어떤 관계를 맺을 수 있는지 설명하는 것입니다. 이 기회로 상대가 새롭게 만들 수 있는 관계가 무엇인지 짚어주면 설득이 수월해질 것입니다.

나와 상대의 카드를 완벽하게 일대일로 비교할 수는 없습니다.
'나'라는 자원 혹은 내가 제시한 선택지를
매력적으로 보이게 하기 위해서는 협상장 밖에
솔깃한 대안을 만들어두는 습관을 가져야 합니다.
이 대화가 잘 마무리되지 않아도
나는 손해 보지 않을 자신이 있다는 생각이
우리를 강하게 만듭니다.

———————————————————

Part 3. 곱셈

**승리감은 넘겨주고
이득은 곱빼기로**

Chapter 13

입맛대로 설득하라
동의를 이끌어내는 다섯 가지 요소

　자, 종이와 펜을 준비해주세요. 평소 긴밀한 관계를 맺고 있는 지인 다섯 명을 떠올려보고 그들의 이름, 나이, 성격을 짧게 써보세요. 이때 가능하면 가족이나 친구를 제외하길 권장합니다. 저도 가상의 리스트를 적어봤습니다.

부서장: 송혜정(여성, 47세) - 꼼꼼하고 이성적인

차장: 박종혁(남성, 40세) - 감정적이고 예민한

동료: 이기성(남성, 35세) - 사람을 좋아하고 유순한

거래처 대리: 한혜인(여성, 33세) - 깍쟁이 같지만 똑 부러지는

학교 선배: 김진욱(남성, 37세) - 야망이 있고 열심히 사는

자, 일단 쉬운 것부터 시작할까요?

여러분은 이 다섯 명과 개별적으로 저녁 약속을 했고 그 약속을 부득이하게 취소해야 합니다. 다섯 명 모두에게 따로따로 이 소식을 전해야 합니다. 취소 사유는 여러분의 부주의 때문이어도 좋고 갑작스러운 회사 일이나 집안일 때문이어도 괜찮습니다. 단, 각각의 약속은 모두 여러분에게 중요한 사람과 맺은 것이므로 취소하는 일 역시 일방적인 통보가 아니라 상대의 기분을 잘 달래서 다시 약속을 잡는 설득의 과정이 돼야 합니다.

어떻게 하면 좋을까요? 다섯 명 모두에게 같은 내용의 문자 메시지를 보내면 될까요? 아마 아닐 것입니다. 그 안에 담긴 의도는 '부득이하게 약속을 취소해서 미안하지만 다른 날짜는 어떨까요?'여도 상대에 따라 톤과 매너, 심지어 말하는 시간이나 장소도 달라져야 합니다. 즉, 설득의 목적이 같아도 그 형식은 듣는 사람의 특성을 고려해서 각각 다르게 구성해야 합니다.

자, 그러면 이제 리스트에서 상대를 나타내는 키워드를 살펴보

며 어떻게 말할지 상상해봅시다. 이분은 이메일로 공손하게 이야기하는 것을 좋아하고 저분은 모닝커피를 마시며 얼굴을 보고 말하는 것을 선호할 수 있지요. 어떤 사과 멘트를 넣어야 할지도 대상에 따라 다르게 고려해야 할 것입니다.

예를 들면 이런 것이지요. 송혜정 부서장은 늘 논리적인 사람이니 왜 이 약속이 취소돼야 하는지, 취소가 돼서 본인에게 불합리한 일은 없는지를 예리하게 살펴볼지 모릅니다. 박종혁 차장은 공감을 중요하게 여기니 약속 취소로 그가 겪게 될 감정(서운함이나 당혹스러움)을 더 챙겨야 할 수 있고요. 동료 이기성 님은 관계를 중요하게 여기니 나 대신 다른 사람과 저녁을 먹을 수 있도록 누군가를 연결해줘야 할 수 있습니다. 거래처의 한혜인 대리는 숫자나 이익에 민감한 분이니 다음에 비싼 식사로 오늘의 실례를 만회하겠다고 이야기하면 될 것 같습니다. 마지막 학교 선배, 김진욱 님과는 편한 사이이니 회사 생활의 고단함을 약속 취소의 이유로 말해볼 수도 있겠네요. 또는 김진욱 님은 야심가니 갑자기 급한 일들을 처리해야 해서 야근하게 됐다고 이야기하면 단박에 그 의도를 이해할지 모릅니다.

앞서 살펴본 문제는 답이 쉽게 나왔나요? 자, 이제 난이도를 한 단계 올려봅시다. 여러분은 팀장으로서 부하 직원 다섯 명에게 2주간 야근을 해달라고 부탁해야 합니다. 현재 진행하는 프로젝트가 원래 계획보다 지체돼 부득이하게 추가 근무가 필요한 상황입니다. 강요할 수는 없지만 다섯 명 모두 야근을 하지 않으면 절대 프로젝트를 끝낼 수 없다고 가정해볼게요.

여러분의 팀원들은 지금까지 야근을 거의 해본 적이 없습니다. 매일 5시 59분에 컴퓨터를 끄고 6시에 가방을 들고 나갑니다. 이런 직원들에게 2주간 9시까지, 세 시간 초과근무를 해달라고 부탁해야 합니다. 상상만 해도 머리가 지끈지끈하지요? 성격이 각각 다른 다섯 명을 어떻게 설득해야 할까요?

누군가를 설득할 때 상대를 바라보며 '아니, 뭐 이렇게 까다로워?', '왜 이렇게 사람이 감정적이야?' 또는 '왜 이리 복잡하게 생각하지?'라고 생각해본 적 있나요? 왜 이런 생각이 드는 걸까요? 대화를 할 때 무의식적으로 자신의 입맛에 맞게 상황을 구성하려고 하기 때문입니다.

예컨대 자신이 공감을 중요하게 여기고 본론을 바로 말하는 것을 좋아하지 않는 성향이라면 타인을 설득할 때도 자연스럽게 미괄식으로 이야기를 전개하게 됩니다. 자신의 입맛으로 설득의 간을 맞추는 것이지요. 문제는 두괄식으로 본론부터 빨리 들어야 속이 풀리는 사람에게는 이런 방식이 통하지 않는다는 것입니다. 요리사는 간을 심심하게 하는 것을 좋아하는데 요리를 먹는 사람은 양념을 강하게 하는 것을 선호한다면 아무리 유기농 최고급 재료를 사용해도 좋은 반응을 얻을 수 없습니다.

저는 설득과 협상에 대한 내용을 가르치고 이 내용을 일에 적용하면서 설득의 다섯 가지 입맛을 발견했습니다. 맛에 기본적으로 신맛, 단맛, 쓴맛, 짠맛, 매운맛이 있듯이 설득에도 공감, 논리, 숫자, 관계, 질문이라는 다섯 가지 영역이 있습니다. 모두가 고유한 입맛을 가지고 있고 그 입맛에 따라 맛있는 음식에 대한 기준도 다르듯 설득을 요리하는 요리사로서 듣는 사람의 입맛에 따라 다섯 가지 영역의 강약을 조절하는 지혜를 갖추면 됩니다.

먼저, 공감을 살펴봅시다. 평범한 70대 여성에게 진통제를 팔아야 한다고 가정해보지요. 약이 어떤 성분으로 구성됐는지 젊은 사람도 이해하기 어려운 다양한 화학 용어를 늘어놓으며 설명하면 실적을 올릴 수 있을까요? 이럴 때는 설명보다 공감이 더 효과적일 것입니다. 손자를 업고 내려놓을 때 느끼는 팔과 무릎 통증, 시도 때도 없이 발생하는 오십견, 한밤중 잠을 설치게 만드는 편두통 등 70대 여성이 자주 겪는 고통에 공감하며 약효를 설명하는 게 더 설득력 있겠지요.

둘째, 논리입니다. 무언가를 주장할 때 그 주장에 어떤 타당성이 있는지 다양한 근거를 들어 이치에 맞게 설명하는 것을 선호하는 입맛입니다. 예시를 들거나 적절하게 비유하거나 키워드를 묶어 정리하는 것 모두가 논리의 영역인데요. 가령 집값을 흥정할 때 시장의 평균치를 제시하거나 그 집의 여러 가지 단점을 지적하며 주장에 뼈대를 만들 수 있습니다. 이렇듯 논리의 입맛을 가진 사람들은 감정을 바탕으로 설득하려는 사람들을 상당히 이해하기 어려워합니다. 자료, 근거, 기승전결 등 논리적 요소가 없는 이야기는 허황됐다고 생각하는 사람들도 있고요.

셋째, 숫자입니다. 아무리 묘사가 뛰어나더라도 숫자가 빠지면 설득력을 잃습니다. '여러 정보에 따르면'과 같이 두루뭉술하게 이야기하는 것보다 구체적인 숫자를 언급하는 것이 설득에 더 효과적입니다. 특히 모호한 것을 싫어하는 사람은 모든 것을 데이터에 근거해 이야기하는 것을 좋아합니다. 숫자는 공감과 한패가 될 수도 있고 논리와 한패가 될 수도 있습니다. 대화할 때는 듣는 사람의 입맛에 따라 여러 가지 영역을 조합하는 것이 중요한데, 재미있게도 숫자는 소금처럼 다른 맛을 강화합니다.

넷째, 관계입니다. 이 입맛을 가진 사람들은 원인과 결과보다 인간관계를 중요시합니다. 제가 한국에서 근무했던 한 회사에서는 매년 봄 야유회를 갔습니다. 인사부에서 야유회를 기획하고 직원들에게 초대 메일을 보내면 꼭 행사 하루 전날 이메일을 보내는 직원들이 있었습니다. 그 행사에 참여하는 사람들이 누군지 확인하기 위해서였지요. 이처럼 설득을 할 때 그 사건에 관련된 사람, 영향을 받을 사람이 누군지 알려주면 협조하는 경우가 있습니다. 사건 자체만큼 그 사건에 참여하는 사람들에게도 매력을 느끼는 사람들을 일컫습니다.

다섯째, 질문입니다. 이 영역을 이용하려면 질문을 던지고 대답을 이끌어내는 과정을 면밀하게 디자인해야 합니다. 심리학자 로버트 치알디니Robert Cialdini는 《설득의 심리학》에서 '일관성의 법칙'을 이야기했습니다. 상대에게 세 번의 "예스Yes"를 받도록 질문을 미리 설계하는 것이지요. 상대가 "네"를 세 번 정도 반복하면 네 번째 질문에도 자연스럽게 "네"라고 말할 확률이 올라갑니다. 인간의 심리가 일관성을 유지하는 것을 훨씬 더 자연스럽게 느끼기 때문입니다.

헬스클럽에서 구경만 하려고 했는데 1년 회원권을 결제한 경험이 있나요? 그렇다면 아마도 직원이 질문의 입맛을 돋우었을 가능성이 높습니다.

"요즘 몸이 찌뿌둥하고 잠을 자도 개운하지 않으신가요?" → "네."

"일할 때 오랫동안 한 자리에 앉아 계신가요?" → "네."

"올해는 건강을 더 챙기면서 체력을 키우고 싶으신가요?" → "네."

"저희가 최근 프로모션한 프로그램이 있는데 간단하게 설명해드릴까요?" → (어... 이게 아닌데, 하지만) "네."

헬스클럽에 들어갈 때는 정말 시설만 둘러보고 결제를 바로 하지 않겠다고 마음을 먹었을 것입니다. 하지만 직원과 5분 정도 이야기를 나누며 질문에 답했더니 왠지 지금, 여기서 등록을 하는 것이 이득이라고 생각하게 됐지요.

질문을 하는 사람은 설득의 주도권을 가진 사람입니다. 누군가가 나에게 계속 질문하고 나는 대답을 반복하고 있다면 그가 뿌린 매운맛 양념에 완전히 매혹된 것입니다. 그때는 대답만 하지 말고 같이 질문을 하세요. "당신은 어떻게 생각하세요?" 혹은 "그 것의 장점과 단점은 무엇일까요?" 정도면 좋습니다. 소극적 대답 이 아니라 적극적 질문을 통해 대화의 주도권을 나눠 가지는 것 입니다.

나의 대화 상대는 어떤 맛을 가장 좋아할까요? 대화하기 전 이 간단한 질문에 답해보는 것 하나만으로도 맛집 요리사가 될 수 있습니다. 자, 요즘 내가 만나는 사람, 내가 설득하고 싶은 사람은 어떤 입맛을 가지고 있나요? 그 입맛에 맞게 요리를 만들어낼 준 비가 됐나요?

Chapter 14

몸값의 닻을 내리기
싸게 불렀는데 왜 욕을 먹어야 하죠?

G는 프리랜서 강사로 기업과 대학에서 마케팅 관련 강의를 하고 있습니다. 강의를 한 지도 벌써 3년이 넘었지만 아직도 그는 매번 강의료를 협상하는 일에 피로감을 느끼고 있습니다. 결국 G는 자신의 몸값을 시간당 30만 원으로 못 박았습니다. 어떤 곳에서 의뢰하든 언제나 강의료를 한 시간에 30만 원 받기로 결심한 것입니다. 여기에서 더 받을 생각도, 깎아줄 마음도 없다고 딱 잘라 말하는 그에게 물었습니다.

"같은 업계에 있는 다른 강사들은 어떻게 강의료를 책정하는지 아시나요?"

"천차만별이에요. 시간당 5만 원 받고 일하는 분부터 100만 원, 아니 200만 원까지 부르는 게 값인 분도 계시고요. 저는 그러고 보면 아주 정직한 편이죠. 시간당 30만 원은 사실 제 강의의 질에 비하면 약간 모자란 수준이지만…. 누구나 좋은 서비스를 저렴한 가격에 사려고 하잖아요. 제 세일즈 전략이 바로 시장가보다 약간 낮게 몸값을 책정하는 거예요.

문제는 이렇게 양심적으로 저렴한 가격에 교육 서비스를 제공하는데 강의료를 더 깎으려는 비양심적인 담당자들이 너무 많다는 거예요. 이런 경우도 있었어요. 지방에서 아침 9시에 시작하는 두 시간짜리 강의를 하려면 서울에서 새벽에 출발하기가 너무 힘들거든요. 강연장 근처에서 숙박을 해야 하는데 교통비나 숙박비를 지원해주기는커녕 제 강의료를 더 내릴 수 없느냐고 묻는 거예요. 60만 원에서 세금 제하고 교통비와 숙식비를 빼면 도대체 얼마가 남겠어요. 지방에서 강의 두 시간을 하고 서울로 올라오면 그날 오후 스케줄은 아무것도 잡을 수가 없어요. 저는 거품 없는 강의료를 제시하는데 왜 그분들은 저의 정직한 제안에 만족을 못하실까요?"

지식을 거래할 수 있는 플랫폼이 많아지면서 누구나 작가와 강사가 되는 시장이 형성됐습니다. 우리는 이제 중수는 초보를 가르치고 초보는 왕초보를 가르칠 수 있는 사회를 살고 있습니다. 그렇다면 컨설팅, 코칭, 강의와 같은 무형의 자원에 어떻게 가격을 매겨야 할까요? 회사를 다니면서 주말에 잠깐 강의를 한다면 몰라도 G처럼 전업 강사로 일하는 경우라면 고민이 많을 것입니다. 강의료 자체가 몸값이 되니까요.

여러분은 G의 전략을 어떻게 생각하나요? 본인이 몸담은 시장을 분석한 뒤 평균보다 살짝 낮춰 자신의 몸값을 책정하면 될까요? 그것이 수업을 듣는 학생 혹은 그를 섭외한 담당자가 원하는 방향일까요?

초보 강사들이 대부분 이런 실수를 자주 합니다. 아직 강의력이나 인지도로 승부할 수는 없으니 저렴한 강의료를 경쟁력으로 내세우는 것이지요. 이쯤에서 어떤 대화에서든 입장의 차이가 있다는 개념을 다시 상기해봅시다. G가 정직한 강의료라고 생각하는 30만 원을 교육 담당자 M은 어떻게 받아들일까요? 과연 M은 G의 동종 업계에 있는 모든 강사들의 강의를 다 들어보고 G의

강의의 질이 평균 이하인지, 이상인지 판단한 뒤 G를 섭외하려고
했을까요?

아쉽지만 M의 입장에는 사실 정직한 강의료의 기준이 없습니
다. M은 강사마다, 주제마다 강의료는 천차만별이니 강의료 앞에
'정직한'이라는 단어가 붙을 필요는 없다고 생각할 것입니다. 이
미 강의료에 거품, 즉 G가 가져갈 이익이 포함돼 있다고 여기기
때문입니다. M은 30만 원에 G가 취할 마진이 분명히 있다고 생
각합니다. 자, 그럼 G가 25만 원으로 강의료를 내리면 M은 그 안
에 마진이 없다고 생각할까요? 만약 10만 원이라면요? 아마 교통
비도 안 나오겠지만 G가 스스로 그렇게 강의료를 측정했다면 M
의 입장에서는 그 10만 원에도 G가 취할 마진이 분명히 있다고
믿을 것입니다.

소비자는 언제나 생산자(서비스 제공자)가 웃돈을 얹어놓았을
것이라고 생각합니다. 그러니 합리적인 소비를 하겠다는 명목으
로 제시된 가격에 의문을 품고 할인을 요구하게 되지요. 따라서
일단 깎아달라는 소비자의 요구를 무조건 이기적이라고 볼 수는
없습니다.

유명한 강사, 소위 말하는 스타 강사의 경우라면 조금 이야기

가 달라집니다. 수요가 많지만 공급을 다 맞춰줄 수 없으니 강사 입장에서 가장 이득을 많이 안겨주는 곳을 골라 계약을 하겠지요. 물론 강의료만이 유일한 선택 기준은 아니겠지만요. 유명세에 비례해 높은 강의료를 지불하려는 구매자가 많을 테니 강의료를 조율하는 수고도 분명 덜 들 것입니다.

그럼 다시 질문하겠습니다. 강의료를 30만 원으로 딱 정해놓고 아무런 협상의 여지없이 "할 거면 하고 말 거면 말라"라고 하는 것이 좋은 협상가의 태도일까요? 아니면 35만~40만 원 정도의 강의료를 제시해보고 몇 번의 조율 끝에 35만 원이나 30만 원을 받는 것이 더 나을까요? 여러분이 교육 담당자라면 스타 강사가 아닌 강사를 섭외할 때 어떤 과정을 선호할 것 같은가요?

가격을 흥정할 때 쓰는 협상 기술을 '앵커링anchoring'이라고 합니다. 어떤 숫자에 닻anchor을 내린다는 뜻입니다. 이렇게 처음 닻을 내린 숫자의 언저리에서 협상이 이루어집니다. 30만 원을 부른 강사에게 구매자가 20만, 25만 원을 주는 것은 가능하지만 40만 원 이상을 주기는 어렵다는 이야기입니다. 예산이 30만 원이더라도 M은 분명 G에게 이렇게 말할 것입니다.

"강사님, 저희가 예산이 좀 빠듯한데 시간당 25만 원에 진행하는 건 어려울까요?"

반면 35만 원 정도의 강의료를 제시하며 '강의 횟수와 시간에 따라 조율 가능하다'고 이야기했다면 어떨까요? M의 마음에 35만 원이라는 닻을 걸었으니 아마도 30만~35만 원 사이에서 이야기가 오가다 30만 원으로 최종 결정됐을 것입니다.

자, 그럼 서비스 제공자 입장에서는 무조건 큰 숫자를 부르면 좋을까요? 50만 원, 60만 원으로 앵커링하면 40만 원을 받을 수 있다는 뜻일까요? 꼭 그렇지만은 않습니다. 이는 서비스 제공자가 들고 있는 정보의 질과 양에 따라 달라집니다.

서비스 제공자가 강의료를 올려도 된다는 근거를 가지고 있다면 비싸게 불러도 좋습니다. 예컨대 원래 30만 원을 받아도 마침 구매자가 원하는 시간에 원하는 주제로 강의할 수 있는 사람이 나 하나뿐이라면 강의료를 더 올릴 수 있습니다. 단, 나 외에 서비스 제공자가 없다는 확실한 정보를 가지고 있다면요.

거꾸로 상대보다 정보가 부족한 경우는 어떨까요? 아무리 생각해도 어디에 앵커링해야 할지 모를 때는 먼저 상대에게 숫자를 묻고 그가 말한 숫자 언저리에서 흥정을 시작하는 것이 안전합니다. 경력이 없거나 짧은 초보 플레이어의 경우라면 이 방법을 추천합니다. 내 몸값을 직접 정하기 어렵다는 것은 시장에서 아직 자신의 가치를 증명할 수 없다는 뜻이니까요. 이럴 때는 먼저 상대가 적절하다고 생각하는 숫자를 듣고 숫자를 점점 올리는 방향으로 협상하는 것이 좋습니다. 그 사람이 닻을 던진 지점에서 맴돌기는 하겠지만 처음부터 턱없이 낮거나 높은 숫자를 말하는 실수를 줄일 수 있습니다.

앵커링을 전략적으로 사용할 수도 있습니다. 제가 컨설팅 회사에 있을 때 어떻게 고객에게 억 단위 컨설팅 비용을 청구하는지 살펴보니 이렇게 진행됐습니다.

첫 제안서에는 우리가 받고 싶은 것보다 20~30퍼센트 이상을 올려 앵커링합니다. 제안서를 받은 고객은 자신이 생각한 것보다 비용이 높으니 숫자를 조율하려고 합니다. 그러면 회사는 가격을 아주 천천히 내립니다. 조율해줄 수 있는 항목도 있고 그렇지 않은 부분도 있다고 하면서요. 제안서가 최종 통과될 무렵에는 원래 회사가 받고자 한 금액으로 의견이 결국 맞춰집니다.

구매자는 그가 비교 대상을 어디에 두는가에 따라 서비스 제공자가 앵커링한 숫자에 대한 첫인상, 즉 가격이 싸다 혹은 비싸다는 느낌을 다르게 받게 됩니다. 노련한 협상가는 먼저 적절한 비교 대상을 가져와서 구매자 스스로 합리적인 소비를 했다고 생각하게 만들지요. 가격이 싸다, 비싸다 같은 생각은 상대적인 개념입니다.

그러므로 숫자를 부를 때는 적어도 두세 번 고민해서 말하는 습관을 가져야 합니다. 급하게, 어설프게 숫자를 불렀다가 나중에 그 숫자보다 낮은 숫자로 거래가 마무리될 확률이 높기 때문이지요. 앵커링에 자신이 없다면 즉답을 피하면 됩니다. 확인을 해보거나 생각을 더 해보고 답해주겠다고 우회하는 것입니다(이 부분은 뒤에서 더 자세하게 설명할게요). 여러분이 G의 협상 코치라면 어떤 말을 해주고 싶나요? 30만 원을 꼭 받고 싶다는 그에게 무엇을 알려주고 싶은가요?

오늘도 속도위반으로 이불킥

모두가 만족하는 대화의 속도

　　K는 오랜 고민 끝에 아내와 곧 태어날 아이를 위해 차를 바꾸기로 결심했습니다. 지금 타는 차는 중고로 처분해야겠다고 생각했지요. 그래서 지난 며칠간 중고차 판매 사이트를 들락날락했지만 차를 정확히 얼마에 팔아야 할지 감이 오지 않았습니다. 같은 차종이라도 사양과 상태, 색상 등에 따라 가격 차이가 많이 나서 매도를 망설이던 중이었습니다.

　　점심시간에 만난 회사 선배가 K에게 대뜸 혹시 차를 바꿀 생각이 없는지 물었습니다. K의 아내가 만삭이니 더 큰 차를 사지 않을까 생각했다고 하네요. 그러면서 선배는 자신의 아내가 얼마 전 승진을 해서 지방에 있는 연구소에 자주 방문하게 돼 중고차를 한 대 급하게 사려고 한다고 합니다. 어찌 됐건 K는 차를 팔고 싶어 하고 선배는 믿을 만한 중고차를 찾고 있으니 서로에게 잘된 일인 듯합니다.

K의 차를 여러 번 타본 선배는 너무 고민하지 말고 자기에게 타던 차를 팔라고 합니다. 어차피 중고차 시장에 차를 넘기면 이래저래 번거로운 일들이 많은데 아는 사람끼리 거래하는 게 편하지 않겠느냐는 것이었습니다. 다음 주부터 당장 차가 필요하니 이번 주 내로 찻값을 주고받고 명의 이전과 보험까지 빨리 처리하자고요.

K는 웹사이트나 중개인에게 수수료를 내면서 복잡하게 차를 팔지 않아도 된다는 생각에 큰 고민 없이 선배의 제안을 받아들였습니다. 선배가 찻값으로 얼마를 주면 좋겠는지 물었고 큰 고민 없이 중고차 판매 사이트에서 본 평균 가격 1000만 원을 불렀습니다. 그러자 선배도 그 정도면 큰 문제 없을 것 같다고 동의했습니다. 1000만 원에 팔겠다는 사람, 그 가격으로 사겠다는 사람 모두 별다른 설득 과정 없이 거래를 마무리했습니다.

그날 저녁 K는 퇴근하면서 거래에 대해서 생각해봤습니다. 마음이 이상하게 찝찝합니다. 차를 쉽게 팔았으니 기분이 좋아야 하는데 말이지요. 선배에게 차를 넘기겠다고 한 것이 후회됩니다. 무엇보다 1000만 원을 이야기했을 때 선배가 크게 개의치 않은 게 자꾸 생각납니다.

'혹시 내가 너무 싸게 불러 선배가 이게 웬 횡재인가 하고 바로 낚아챈 거 아냐? 내가 제시한 숫자를 이렇게 쉽게 오케이 하다니. 100만 원이나 200만 원 정도 더 불렀어야 됐는데 아무래도 잘못한 것 같다. 내가 아끼던 차가 너무 헐값에 팔려나가는 것 같아. 이거 큰 손해를 본 거 아닐까?'

입장을 바꿔 선배의 이야기를 한번 들어볼까요? K에게 1000만 원에 차를 사기로 한 뒤 집으로 돌아가 아내에게 이렇게 이야기합니다.

"여보, 내 직장 후배 K 알지? K의 아내가 조만간 아이를 낳으니까 분명 차를 바꿀 생각이 있을 것 같아서 오늘 점심시간에 내가 먼저 물어봤어. 아니나 다를까, 요즘 중고차 판매 사이트를 보면서 정보를 확인하고 있었다고 하더라고.

내가 출장 갈 때 K의 차를 여러 번 타봤는데 딱 본인 성격처럼 깔끔하게 차를 관리해. 먼지도 별로 안 묻었는데 세차도 자주 하고 엔진 점검도 미리미리 하고 말이야. 한 번은 동료가 바깥에서 담배를 피우고 차에 탔는데 K가 난리를 쳤어. 자기 차에는 흡연자를 태울 수 없다나 뭐라나. 아무튼 오늘 내가 그 차를 사기로 했어. 1000만 원 부르기에 그렇게 주기로 했어. 당신 다음 주부터 출장 다녀야 하니 그 차 양도받아서 운전하면 되겠네, 그렇지?"

선배의 아내는 이렇게 답합니다.

"아니, 여보! 아무리 그래도 그렇지 무슨 그 차가 1000만 원씩이나 해? 그 기종은 한물가서 중고로 1000만 원이나 줄 필요가 없는 차라고. 차를 몇 킬로미터나 탔는지 확인은 한 거야? 차를 겉만 보고 덜컥 사는 사람이 어디 있어? 그리고 들어 보니 먼저 그쪽에서 1000만 원을 달라고 한 것 같은데, 달라는 대로 주면 어떡해? 적당히 거기서 50만 원이든 100만 원이든 깎았어야지. 아이고, 답답해라."

선배는 아내에게 그 차 정도면 괜찮은 거래라고 우기기는 했지만 무언가 마음이 개운하지 않습니다. 곰곰이 생각해보니 아내의 말도 옳은 것 같습니다. K는 시세를 잘 아니 받을 수 있는 금액 중 제일 높은 금액을 부른 것은 아닌가 싶었습니다. 지인 할인이 아니라 지인 바가지를 쓴 건가? 순간 본인이 너무 적극적으로 구매에 나서서 불필요한 비용까지 지불한 것은 아닌지 의심이 들었습니다.

'1000만 원 달라고 할 때 시세가 그 정도까지는 안 될 거라고 말이라도 해볼걸. 내가 너무 바보 같았구나. 위신이 좀 떨어지기는 하지만 그냥 없던 일로 하자고 해야 하나? 이거 아무래도 내가 바가지 쓴 것 같은데?'

협상에도 준수해야 하는 기본 속도가 있습니다. 운전할 때 교통 표지판에 적힌 속도에 따라 브레이크와 액셀을 번갈아 밟으며 속도를 조절하는 것처럼 협상에서도 양쪽이 각자 입장을 대변하며 속도를 조절해야 하지요. 협상의 속도가 너무 빠르면 섣부른 판단이나 실수가 일어날 수 있고 속도가 너무 느리면 목적성을 상실해 양쪽 다 협상에 집중할 수 없게 됩니다.

협상을 너무 빠르게 운전하는 것, 느리게 운전하는 것 모두 위험하지만 우리가 조금 더 경계해야 하는 것은 빠른 협상입니다. K와 선배가 거래에 앞서 속도를 잘 조절했다면 양쪽 모두 흡족한 결과를 얻었을 것입니다. 1000만 원이 아니라 900만 원이었어도 혹은 1200만 원이었어도 만족했을지 모릅니다.

협상은 단순히 당사자들이 숫자에 동의한다고 긍정적으로 마무리되는 것이 아닙니다. 과정에 대한 주관적인 만족감도 결과를 결정하는 중요한 요소입니다. 속도를 지키지 못하면 후회와 의문이 남는 거래가 되기 쉽습니다. 결과를 평가할 때는 이성과 감정 모두를 사용하기 때문입니다.

협상이 너무 빠르게 끝나면 결과가 충분히 괜찮을지라도 마음속에 '만약 내가 이렇게 했다면 어땠을까?'라는 의문이 남습니다. 밥 할 때만 뜸 들이기가 필요한 것이 아닙니다. 협상에서도 자신의 감정과 논리를 검토해볼 시간이 필요합니다. 1000만 원짜리 중고차 거래를 할 때도 이런 의문이 남는데 몇억짜리 집 거래, 다달이 받을 월급에 대한 협상을 할 때는 어떨까요? 매달 25일마다 '아무래도 그때 계약서에 너무 빨리 사인한 것 같아'라는 후회를 한다면 스트레스가 심하겠지요?

중고차를 매매한 선배는 사실 후배의 고민을 덜어주고 싶었을 것입니다. 후배도 이왕이면 선배가 안전이 보장된 튼튼한 중고차를 사는 것이 좋겠다고 생각했겠지요. 그 선한 의도를 후회로 만들지 않기 위해서는 과속을 경계해야 합니다. 단순히 내가 아쉽지 않기 위해서뿐만 아니라 상대의 만족을 위해서도 안전 속도를 준수해야 합니다. 양쪽 모두를 위해 생각할 여유를 만들어줘야 합니다.

연봉 협상을 할 때 이 원리를 적용해볼까요? 계약서에 적힌 숫자가 아무리 마음에 들어도 일단 뜸을 들이세요. 그 숫자가 과분하게 느껴질 정도라면 더 그래야 합니다. 왜일까요? 상대가 제시한 숫자를 너무 빨리 인정하면 상대는 '내가 너무 큰돈을 불필요하게 썼구나'라고 느낄 수 있습니다. 상대의 감정을 관리하는 것도 협상의 한 부분입니다. 아무리 만족스러워도 일단은 한 박자 쉬고 이렇게 이야기해야 합니다.

"이만큼 주겠다고 결정하신 이유가 있을까요?"

이 질문에는 숫자에 대한 흥분도 실망도 없습니다. 상대는 이 질문을 받고 고민을 하게 되지요. 그리고 자신이 그 숫자를 제시한 과정과 근거에 대해서 설명할 것입니다. 이를 통해 우리는 숫자의 도출 과정을 이해할 수 있고 상대는 우리가 어떻게 그 숫자에 반응하는지를 천천히 살펴볼 수 있습니다. 그러니 늘 이렇게 이야기하며 협상을 천천히 진행하는 것이 좋습니다.

"말씀해주신 제안을 제가 잘 이해했으니, 하루이틀 정도 고민하고 답을 드려도 될까요?"

그리고 집으로 돌아가 문을 닫고 박수를 치는 거예요. 아무리 내가 원한 숫자를 가지게 됐어도 우리의 기쁨을 협상 파트너의 후회로 전환할 필요는 없습니다.

상대가 여러분의 몸짓과 말투를 보면서 자신이 내놓은 숫자가 적절했다고, 심지어 약간 적었다고 느끼게 하는 것이 좋습니다. 나를 고용한 사람이 매달 월급을 주면서 '과분하게 지급하고 있다'고 생각하게 만드는 것보다 '좋은 인재에게 더 주지 못해 미안하다'라고 생각하게 만드는 게 더 좋지 않을까요?

반대로 상대방이 제시한 숫자가 절망스러울 정도로 작은 숫자라면 어떻게 해야 할까요? 역시나 감정적인 반응을 최대한 경계하면서 이렇게 물어야 합니다.

"이만큼 주겠다고 결정하신 이유가 있을까요?"

상대방이 그 숫자를 제안한 근거가 있을 테니 그 논리를 설명할 기회를 주는 것이지요. 설명을 들어보고 반박을 할지, 동의를 할지를 결정하면 됩니다.

"내가 이 정도밖에 안 되는 인재인가요?"라는 반응은 최악의 반응입니다. 타인의 논리 안에서 조목조목 협상할 부분을 찾아야지 나의 발가벗은 감정을 드러내서 좋을 것은 없습니다.

그리고 이때도 역시 뜸을 들여야 합니다. 즉각 결론을 내지 마세요. 협상장 바깥에서 전략을 짤 수 있도록 그 자리에선 감정을 절제해야 합니다. 생각할 시간이 필요하다고 말하고 자리를 뜨는 것이 좋습니다. 뜸 들이기는 여러분에게 협상의 논리를 세울 시간을 주기도 하지만 상대에게도 협상 조건을 재검토할 기회를 제공합니다. 마음에 든다고 빨리 갈 필요도 없고 마음에 들지 않는다고 멈출 필요도 없습니다.

Chapter 16

반반은 치킨 시킬 때만
공평의 의미는 상황에 따라 다르다

여러분은 파트너와 오렌지 하나를 공평하게 나눠 가지
라는 과제를 받았습니다. 테이블 위에는 과도 하나와 오렌지 하
나가 있습니다. 건너편에 앉은 파트너에게 이 오렌지를 어떻게
나눠 가질지 물었습니다. 그는 이렇게 말합니다.

"뭘 고민해요? 반으로 나눠 가지면 되지 않겠어요?"

답을 듣고 여러분은 곰곰이 생각합니다.

'내가 최대한 반반 똑같이 자르고 둘 중 한 조각을 상대가 먼저
선택할 수 있도록 순서를 양보하면 되겠구나. 이것이야말로 공평

아니겠어?'

여러분은 과도로 오렌지를 최대한 정확하게 반 잘라 상대에게 물었습니다.

"제가 최대한 똑같이 나눴지만 혹시 크기가 살짝 다를 수 있겠죠? 어떤 것을 선택할지 먼저 결정하세요. 제가 남은 것을 갖겠습니다."

상대는 별 망설임 없이 오렌지 반쪽을 골라 테이블을 떠났습니다. 남은 오렌지 반쪽을 가지고 나오면서 여러분은 이렇게 생각합니다.

'내가 생각하기에 가장 공평한 협상안이었는데 왠지 모르게 좀 껄끄럽다. 정확하게 반반 나눠 가졌는데 상대의 얼굴에는 아무런 만족도 안 보였던 것 같아. 이 협상을 내가 잘한 걸까? 무엇을 놓친 거지?'

앞서 사과를 찾던 엄마와 금목걸이를 찾던 청년을 기억하나요? 사람들은 자신이 원하는 것을 정확하게 알고 있다고 생각하지만 사실 그렇지 않은 경우도 많습니다. 요구와 욕구, 그 사이의 다양한 선택지에서 매일 고민하지요. 사과를 찾는 행동에는 아이에게 건강한 식습관을 길러주고 싶은 욕구가 숨겨져 있을 수 있고, 금목걸이를 찾는 행동에는 은보다 변색되지 않고 값어치 있는 보석을 선물하고 싶다는 욕구가 숨겨져 있을 수 있습니다.

테이블 건너편에 앉은 사람에게 무엇을 원하는지 물어보는 것은 그 사람의 요구를 확인하는 과정입니다. 협상 파트너의 요구는 단 하나, 정확히 오렌지 반쪽을 얻는 것입니다. 하지만 그 요구만 알고 대화를 시작하면 그 사람의 진짜 욕구를 충족시키지 못한 채 불만족스럽게 협상이 종결될 수 있습니다. 겉으로는 공평한 것 같아 보여도요.

만약 오렌지를 반반 가르는 방법에 대해 묻기 전에 상대가 어떤 이유로 오렌지를 원하는지를 살펴봤다면 어땠을까요? 나와 상대 모두 오렌지를 필요로 하지만 둘의 목적이 달랐다면요? 여러분은 오렌지의 과육을 짜내 주스를 만들어 마실 계획이고 상대는 껍질을 이용해 향신료나 세제를 만들 예정이었다면요? 그때도 이렇게 정확히 오렌지를 반 자르는 것이 서로의 이익을 극대화하는 방법이었을까요?

협상에는 배분적distributive 협상과 통합적integrative 협상이 있습니다. 배분적 협상이란 협상을 통해 얻을 수 있는 결과가 한정돼 있다는 시각입니다. 총량이 정해져 있으니 그 안에서 나눠 가지면 된다고 믿는 것이지요. 아마 협상이라는 단어를 들었을 때 많은 사람들이 제일 먼저 떠올리는 생각일 것입니다. 제가 사람들에게 협상 코치를 한다고 이야기하면 다들 이렇게 묻거든요.

"그럼 저는 이기고 상대는 지는 방법을 아시는 건가요? 그쪽이 덜 가지고 제가 더 가질 수 있는 그 방법을 알려주세요."

이는 조각이 여덟 개인 피자를 세 명이서 먹어야 할 때 두 명은 세 조각을 먹을 수 있지만 어느 한 명은 두 조각만 먹을 수 있다는 계산법입니다.

통합적 협상이란 서로의 목적을 확인하고 모두에게 유리한 결과를 도출하는 것을 이야기합니다. 서로의 입장 차이를 확인하는 과정을 통해 상대를 이해하고 더 큰 결과를 이끌어내는 방법입니다. 저는 이것을 '협상 창의성negotiation creativity'이라고 가르치는데, 욕구를 탐색해서 다양한 협상안을 제시하는 것입니다.

이런 창의성은 나와 상대의 요구와 욕구가 상충할 때도 발휘될 수 있습니다. 예를 들어 나와 상대 모두 똑같이 오렌지 과육을 원한다면 어떻게 할까요? 이런 방법이 가능할 수 있겠지요.

1. 순서를 합의해 나누기: 이번에는 과육을 A에게 몰아주고 다음에는 B에게 몰아주기.

2. 합의된 불평등을 만들기: 이번에는 7 대 3으로 나눠 가지고 다음에는 2 대 8로 나누기.

3. 대체품 넣기: 자몽이나 레몬을 섞어 오렌지를 나누는 비율을 조율하기.

4. 품질에 따라 분배를 달리하기: 오렌지의 상태에 따라 비율과 순서를 조율하기.

저희 집에서는 피자를 조각으로 나눠 먹지 않습니다. 저는 피자의 바삭한 끝 부분을 좋아하고 남편은 토핑이 올라간 치즈 부분을 좋아합니다. 딸아이는 양념이 적당히 묻은 빵 부분을 좋아하지요. 각자 식성이 다르니 피자를 입맛에 맞게 분해합니다. 어른은 맥주를, 아이는 주스를 한잔 따라놓고 좋아하는 부분을 앞접시에 덜어 먹는데요. 저희도 처음부터 이렇게 피자를 먹은 것은 아니겠지요? 피자를 먹을 때 반복적으로 남기는 부분을 살펴보다 각자 피자를 좋아하는 이유가 다르다는 점을 깨달았습니다.

또 하나, 협상할 때 꼭 살펴봐야 하는 부분은 바로 '상대방이 추구하는 가치'입니다. 어떤 사람에게는 돈보다 시간이 중요하고 어떤 사람에게는 같이 일하는 사람보다 일의 결과물이 중요합니다.

여러분이 건축가라고 가정해봅시다. 네 가족에게 각각 주택 하나씩을 지어주기로 했습니다. 여름에 시작해서 그다음 해 봄에는 주택을 완성할 계획이었지만 여름과 겨울에 비와 눈이 너무 많이 와 예상보다 공사가 지연됐습니다. 고객과 어떻게 이 문제를 풀어야 할까요? 각각의 가족이 가장 중요하다고 여기는 가치에 따라 다른 해결점을 제시해야 할 것입니다.

1번 가족은 돈보다 시간을 중요시하니 인건비를 더 들여서라도 제날짜에 입주하게 해야 합니다. 2번 가족은 시간보다 돈에 더 예민하니 건축비를 늘리지 않고 완공 날짜를 초여름까지 미뤄볼 수 있습니다. 3번 가족은 돈과 시간 모두 중요하게 여기니 인테리어를 단순화해 아낀 비용을 인건비에 투입해 완공 날짜를 맞추겠다고 제안할 수 있습니다. 마지막 4번 가족은 이삿짐 보관 비용 때문에 날짜가 미뤄지는 것을 곤란해하니 뒷마당에 작은 창고를 지어 일단 이삿짐부터 옮겨놓게 하는 방법이 있겠지요.

어떤 가족도 일정이 변경되거나 늘어지는 것을 좋아하지는 않을 것입니다. 하지만 협상에서는 늘 창의적인 대안을 제시하는 게 중요합니다. 요구를 들어줄 수 없다고 하더라도 이런 옵션을 미리 탐색해서 상대에게 보여줘야 합니다. 유연한 협상가는 언제나 이렇게 이야기하니까요.

"길이 막혀 원하는 길로 가기는 어려울 것 같습니다. 하지만 걱정 마십시오. 제시간에 혹은 안전하게 갈 수 있는 샛길을 알고 있습니다. 어떤 길이 가장 당신의 여정에 맞을지 옳은 결정을 할 수 있도록 최대한 정보를 제공하겠습니다."

공평함의 정의와 범위는 상황에 따라 달라집니다. 새로운 상대와 새로운 주제를 만나면 속으로 이렇게 질문해보세요. 상대가 진짜 가지고 싶어 하는 것은 무엇일까? 그것을 나는 어떻게 줄 수 있을까? 그리고 어떻게 내가 원하는 것을 달라고 할까? 모두가 만족할 결과를 얻을 것입니다.

Chapter 17

말해봐, 너의 뒷주머니에는 무엇이 있지?

언제나 대안을 생각하기

유통업계에서 일하는 L과장의 월급은 지난 4년간 거의 오르지 않았습니다. 그는 '나중에 회사 사정이 나아지면 그동안 못 올려준 인상분까지 반영해주겠다'고 호언장담하는 사장의 말을 믿고 성실하게 일했습니다. 결혼을 하고 아빠가 되면서 경제적 고충이 커졌지만 월급을 쪼개고 쪼개며 버텼지요. 사실 L은 자신의 일을 진심으로 좋아했습니다. 유통업에서 비전을 보고 있었고 자신의 잠재력을 믿었습니다. 주말에도 시간을 쪼개 영어를 공부하며 자기계발을 할 정도로요.

어느 날 L은 회계 팀의 O대리와 점심을 먹었습니다. 다음 달 다른 회사로 이직을 한다는 O는 이런 말을 했습니다.

"선배님, 저 이런 이야기를 해도 될지 모르지만… 저는 선배님이 내년에는 꼭 이직을 하셨으면 좋겠어요. 이 조직에 계시기에는 아까운 인재이시니까요."

L은 '응원은 고맙지만 아직은 이렇다 할 계기가 없고 현재 일이 마음에 드니 이 회사에서 승진을 하고 싶다'고 답했습니다. 이 일이 적성에 맞으니 지금 업무를 마스터하고 싶다고요. 그의 말을 묵묵히 듣던 O는 이렇게 이야기했습니다.

"선배님 정도면 충분히 더 나은 보상을 받으면서 일하실 수 있어요. 제가 차마 구체적으로 말하기는 그렇지만 선배님의 연봉은 다른 과장님에 비하면 턱없이 적어요. 선배님이 이렇게 열심히 일하면서 보상을 제대로 챙겨 받지 않으시면 후배들에게도 좋은 롤 모델이 되지 않아요. 후배들을 위해서라도 몸값을 좀 더 챙기셨으면 좋겠어요."

10년 전 L이 대학을 졸업하고 막 회사에 입사했을 때 그의 사수는 경력 20년 차의 부장이었습니다. 부장은 적게 받고 많이 일하는 사람이 결국 회사에서 인정을 받는다고 말했습니다. 성실하고 유순한 L은 그 조언을 금과옥조처럼 여겼습니다. 10년 동안 병가 한 번 낸 적 없이 열심히 일했지요. 사장은 언제나 그에게 '근속 연수를 10년 채워야 연봉을 많이 줄 수 있다'고 이야기했습니다. 부장, 이사도 같은 조언을 해줬습니다.

'묵묵하게 열심히 일하는 사람에게 좋은 결과가 돌아갈 거야. 언젠가 회사에서 꼭 보상해줄 거라고'라는 믿음을 가져온 L은 O의 말에 어떻게 대답해야 할지 혼란스러웠습니다. 특히 연봉에 비해 일을 더 해서 인정을 받던 자신이 오히려 후배들에게는 어리석고 실속 없는 사람으로 비춰진다는 사실을 어떻게 받아들여야 할지 몰랐습니다.

2월, 다시 연봉 협상의 시간이 돌아왔습니다. L은 올해는 다르게 접근해보기로 합니다. 근속 연수 10년을 채웠으니 몇 해 동안 받지 못했던 성과급과 보너스를 챙기기로 마음먹었습니다. 코로나 여파가 있기는 했지만 회사의 작년 성과가 나쁘지 않아 연봉 인상이 어렵지 않을 것이라 생각했지요.

연봉 협상에 나서기 전 L은 지난 1년간 성과를 정리하고 최근 계약을 따낸 거래처 목록을 준비했습니다. 머릿속으로 어떻게 대화의 물꼬를 틀지 상상하며 회의실로 들어갔습니다.

그런데 사장의 말투와 분위기를 보아하니 올해도 틀린 것 같네요. 사장은 작년, 재작년에도 했던 이야기를 반복합니다. 올해도 회사의 실적이 어떻게 될지 모르니 연봉 인상은 어려울 것이라고 합니다. L은 차분하게 자신의 업적, 특히 지난 3년간의 성과에 대해 반복해서 설명했습니다. 회사가 바쁠 때는 군말 없이 야근을 했다는 점과 후배들을 챙기며 프로젝트를 주도했다는 점으로 사장을 설득했습니다. 자신의 이야기가 제대로 전달되는지 의심이 갈 무렵 사장이 L의 말을 끊고 이렇게 질문했습니다.

"알아. L과장이 열심히 한 것 나도 안다고. 그런데 어쩌겠나? 회사 사정이 이런데. 지금 코로나 때문에 취업 시장도 안 좋다는데 뭐 방법이 있겠어?"

L은 뒤통수를 맞은 것 같았습니다. 분명 올해는 열심히 일한 대가를 받을 것이라고 믿었는데 무엇을 위해서 이렇게 달려왔는지 자괴감이 들었습니다. 어제까지만 해도 아내에게 장밋빛 미래를 호언장담했는데 어떻게 이 상황을 설명해야 할지 혼란스러웠습니다.

"언젠가 나의 노력을 알아줄 거야."

출근하면서 아내에게 했던 그 말이 이루 말할 수 없는 실망감으로 바뀌었습니다.

❌

제가 만난 고객 다섯 명 중 한 명은 L과 비슷한 문제를 겪습니다. 이들은 연봉 협상의 핵심 요소를 성실함이라고 여기고 '열심히 일하면 언젠가 적절한 보상은 따라온다'는 믿음을 가진 채 일합니다. 언제나 완벽하게 주어진 업무를 마무리하고 일에 대한 자부심도 대단합니다. 심지어 대인관계까지 좋습니다.

여러분이 고용주라면 이런 직원을 어떻게 평가하겠습니까? '어, 이거 내 이야기인데?'라는 생각이 들었다면 미안한 말이지만 고용주 입장에서 L 같은 직원은 가장 다루기 쉬운 직원입니다. 언제나 성실하면서도 하나하나 따지거나 요구하지 않고 유순합니다. 자기 일에 대한 자부심을 중요하게 여기니 적당히 칭찬과 격려만 잘 해주면 기름을 넣지 않아도 굴러가는 자동차처럼 알아서 착착 움직입니다. 얼마나 매력적입니까?

L은 자기 일을 좋아하면서도 잘하려고 하는 욕심까지 다부진 사람입니다. 어떻게 하면 이런 열정과 성실성을 지키면서도 똑똑하게 성과를 받을 수 있을까요? 그 비법은 바로 '바트나BATNA'라

는, 뒷주머니에 숨겨둔 비장의 카드입니다.

바트나란 'Best Alternative To Negotiated Agreement'의 약자입니다. 용어의 뜻을 풀어보자면 '협상이 결렬됐을 때 꺼내볼 수 있는 최고의 대안'을 말합니다. 사장과 직원의 관계처럼 노동력을 제공하고 돈을 주고받는 관계에서 어떻게 하면 직원이 자신의 위신을 지키면서 정당하게 대우받을 수 있을까요? 바로 협상 테이블 위에는 없는 무기를 가지고 오면 됩니다.

예시를 들어볼까요? 여러분은 지금 집을 사려고 준비 중입니다. 주말마다 집을 보러 다니고 있어요. 그러던 어느 날 마음에 드는 집 하나를 발견했고 이곳저곳 살펴보며 부동산 중개인에게 호감을 표시했습니다. 부동산 중개인은 이렇게 이야기합니다.

"사실 오늘 아침 이 집을 본 사람들 중 두 명이 같은 이야기를 했고 방금 전 다시 집을 보고 싶다고 연락이 왔어요. 만약 이 집이 정말 마음에 들면 그 사람들이 계약하기 전, 오늘 안에 최대한 빨리 결정하는 게 좋을 거예요."

부동산 중개인과 여러분 사이에는 사실 아무도 존재하지 않지만 이런 말을 들으면 협상의 주도권이 그 자리에 없는 두 명에게 넘어간 것처럼 느껴질 수 있습니다. 중개인은 이를 이용해서 바트나를 형성했습니다. '이미 나에게는 당신처럼 적극적으로 구매 의사를 드러낸 사람이 둘이나 있다'는 카드를 보여준 것입니다. 상대에게 '당신이 아니어도 나는 다른 사람과 이 거래를 마칠 수 있다'는 대안을 보여주면 어떻게 될까요? 협상의 주도권이 그쪽으로 넘어갑니다.

자, 이제 여러분의 차례입니다. 여러분의 바트나는 무엇인가요? 중개인은 집값에 비례해 수수료를 받기 때문에 집값을 최대한 깎지 않고 빨리 거래가 성사되길 희망합니다. 이 점을 활용해서 이렇게 이야기할 수 있습니다.

"안 그래도 아까 이 집을 보기 전에 마음에 드는 집을 보고 왔어요. 그 집이 이 집보다 평수는 약간 더 크지만 가격이 같아요. 지금 그 집을 소개해준 부동산 중개인과 이야기 중인데, 그쪽 조건과 이쪽 조건을 동시에 비교해서 생각해보려고 합니다. 입주 날짜나 관리비 같은 조건만 맞으면 사실 거래는 바로 할 수 있는데 조금 고민이 되네요."

이런 것이 바로 바트나입니다. 협상 파트너와 보이지 않는 힘 겨루기를 해야 할 때 뒷주머니에 숨겨둔 비장의 카드를 꺼내 보이는 것이지요.

이제 L의 케이스에서 바트나를 만들어보겠습니다. 여러분이 L이라면 어떤 강력한 바트나를 생각해낼 것인가요? 직원들에게 적절한 보상과 대우를 주지 않을 때 사장이 겪게 될 불이익과 불편함 등에 관련된 카드를 보여주면 됩니다. 연봉을 못 올려주겠다는 사장에게 "올해도 그러시면 어떡합니까?"라고 대꾸하며 대화를 흐지부지 마무리하지 말고 한 발짝 더 나아가는 것입니다. 이런 바트나들이 가능할 수 있겠지요?

1. L이 현재 취득을 준비 중인 업무 관련 자격증과 하고 있는 공부들이 앞으로의 비즈니스에 어떤 긍정적인 영향을 가지고 올지 설명한다. 그리고 이런 능력이 다른 회사에서 어떻게 인정받고 있는지도 설명한다.

2. 현재 L이 맡고 있는 프로젝트에서 그가 이탈하면 어떤 차질이 생기고 그것이 사업에 어떤 위협이 될 수 있는지를 설명한다. 제때 지급되지 않은 보너스와 수년간의 연봉 동결로 인해 앞으로 진행될 프로젝트에 완전히 몰입할 수 없을지도 모른다는 이야기를 덧붙인다.

3. 연봉을 언제 인상할지에 대해 확실한 날짜를 협의한다. 만약 협

의가 불가능하면 내가 앞으로 회사와의 관계를 어떻게 설정하는
게 좋을지 사장의 입장에서 설명해달라고 한다.

4. 과거 헤드헌터에게 이직 권유를 받았지만 연봉이나 승진과 같은
내부적인 보상을 기대하며 러브콜을 모두 거절했다고 이야기한
다. (이는 이직 가능성을 직접 언급해야 하기에 조심스럽게 써야 하는 카드.
사장은 이 사람을 자르고 다른 사람을 쓰겠다고 생각할 수 있으니 앞의 세 가
지 카드로 먼저 사장이 줄 수 있는 선택지는 무엇인지 확인하는 것이 좋다.)

있지도 않은 바트나를 만들어 함부로 꺼내는 것은 두말할 것도
없이 위험한 일입니다. 헤드헌터에게 전화를 받았다고 거짓말하
며 허풍을 떨다 들통이 나면 치명적인 손해를 감수해야 합니다.
협상의 기본 조건은 진정성이니까요.

4번과 같은 바트나를 만들고 싶다면 자발적으로라도 헤드헌터
와 통화해서 그 사건을 실제로 이루어지게 해야 합니다. 머릿속
에서 막연하게 스스로를 핵심 인재라고 여기는 것보다 자신의 실
질적인 값어치를 아는 인재가 되는 것이 설득력을 높이기 때문이
지요.

바트나를 어떤 순서로, 어떤 강도로 보여줄지도 미리 고려해야

합니다. 이직이라는 키워드가 너무 과한 바트나라면 업무량을 줄이거나 맡은 팀을 축소하는 것처럼 다양한 대안을 미리 생각해둬야 합니다.

제가 직접 경험한 사례를 소개해보겠습니다. 2019년 한 컨설팅 회사와 면접을 시작할 때 저는 이쪽에서 오퍼가 올 것이라고 예감하고 바로 몇몇 헤드헌터에게 소식을 알렸습니다. '글로벌 컨설팅 회사와 인터뷰를 하고 있는데 아무래도 내가 가진 배경이 컨설팅 회사에 잘 맞는 것 같다'고 이야기하면서 다른 컨설팅 회사들과 면접이나 미팅을 잡아줄 수 있느냐고 물었습니다.

헤드헌터는 대부분 실제 인터뷰를 진행하고 있는 후보자를 매력적으로 생각합니다. 상대에 대한 호감은 사회적 증거에서 나옵니다. 좋은 회사와 인터뷰를 하고 있다는 것은 그 사람이 이력뿐만 아니라 인터뷰 실력까지 갖췄다는 것을 보여줍니다.

이렇게 저는 헤드헌터를 통해 바트나를 만들었습니다. 아니나 다를까, 채용 절차를 진행하던 컨설팅 회사에서 저에게 다른 회사와도 면접을 진행하고 있는지 물어왔습니다. 이런 질문에 가볍게 "네, 다른 회사와도 지금 취업에 대한 논의가 오가는 중입니다"라고 답하는 것은 "아니요, 저는 지금 다른 곳과 전혀 인터뷰를 하지 않고 있습니다"와는 다른 수준의 바트나를 보여주는 것입니다.

물론 그 컨설팅 회사에서도 저에게 자신들의 바트나를 보여줬겠지요? 다른 후보자들의 경력, 입사 가능 날짜, 성과 등을 이야기하면서 자신들에게 강력한 바트나가 있다는 것을 내세웠습니다. 그렇게 저의 바트나, 그들의 바트나를 팽팽하게 비교하면서 결국 원하던 연봉과 보너스를 받아냈습니다(이 부분은 다음 챕터에서 더 자세히 다루도록 하겠습니다).

나와 상대의 바트나를 완벽하게 일대일로 비교할 수는 없습니다. 하지만 나에게 기댈 수 있는 대안이 있다고 알려주는 것은 협상의 속도와 결과에 큰 영향을 미칠 수 있습니다. 면접 절차도 길고 연봉 협상도 까다로운 컨설팅 회사와의 인터뷰에서 제가 적절한 바트나로 목표한 합의점을 찾은 것처럼요.

다시 한번 떠올려볼까요? '나'라는 자원 혹은 내가 제시한 선택지를 매력적으로 보이게 하기 위해서는 협상장 밖에 솔깃한 대안을 만들어두는 습관을 가져야 합니다. 이 대화가 잘 마무리되지 않아도 나는 손해 보지 않을 자신이 있다는 생각이 우리를 강하게 만듭니다. 상대의 바트나에 펀치를 맞고 넘어가지 않도록 뒷주머니에 강력한 카드를 넣고 다니는 연습을 해야 합니다.

열심히 일하는 것도 능력입니다. 하지만 그에 대한 보상을 챙기며 일에 대한 동기를 스스로 잃지 않는 것 역시 중요한 역량입니다. 나의 몸값, 아니 말의 값은 나의 탁월한 실력과 무시할 수 없는 바트나가 곱해질 때 극대화된다는 사실을 항상 기억하세요.

Chapter 18

왜 내 연봉 협상만 실패할까?

너와 나의 최대 범위

11년 전 한국에 있는 외국계 회사에서 일할 때였습니다. 당시 제가 맡은 업무는 채용으로, 회사가 성장세다 보니 거의 모든 부서가 손이 모자라 아우성이었습니다. 그중에서도 세일즈 팀이 가장 급했습니다. 세일즈 직원을 열 명 정도 새로 채용해야 했습니다.

저는 매일 후보자를 10~15명씩 만나 일대일 면접은 물론 그룹 면접까지 진행했습니다. 그렇게 만난 후보자 100여 명 중 아직도 기억나는 두 청년, S와 H가 있습니다.

같은 나이에 비슷한 학벌에 대학교 졸업반, 1년이 넘지 않는 아르바이트 경력이 전부라는 점도 같았던 두 청년을 놓고 채용 팀에서 갑론을박이 벌어졌습니다. 정확히 반으로 갈려서 한쪽은 S를 다른 쪽은 H에게 표를 던졌습니다.

결국 최종면접에서도 판가름이 되지 않아 S와 H를 따로 한 번 더 보기로 했습니다. 면밀하게 두 인재를 검토하기에는 시간이 촉박해 단도직입적으로 '연봉'이라는 키워드를 던졌습니다. 보통 신입이 먼저 희망 연봉을 제시하는 일은 드물지만 이들이 '초봉은 주시는 대로'라는 관례를 이어갈 것인지 다른 대답을 내놓을지 궁금했습니다.

"연봉을 얼마 원합니까?"

S와 H는 다른 대답을 했습니다.

S: "저는 신입이니까, 회사에서 책정하신 숫자대로, 주시는 대로 받겠습니다. 입사 기회를 잡는 게 중요하니까요. 일단 들어가서 열심히 일하고 싶습니다."

H: "신입의 연봉은 보통 협상하는 게 아니라 주시는 대로 받는 거라는 점 잘 알고 있습니다. 하지만 저는 열심히 일해 누구보다

좋은 성과를 낼 자신이 있습니다. 아직 검증받은 인재가 아니니 무작정 연봉을 많이 달라고 할 수는 없겠죠. 이렇게 하시면 어떨까요? 제가 수습 기간을 마친 뒤 6개월 안에 회사에서 주신 목표를 달성하면 100만 원 정도 성과급을 주시는 겁니다. 이런 목표가 있으면 저도 동기부여가 확실하게 될 것 같아요."

자, S와 H 중 누가 최종으로 합격했을까요? 누가 세일즈에 더 적합한 인재일까요?

H는 이 미팅으로, 아니 정확하게 말하면 저 대답으로 세일즈 팀의 막내가 됐습니다. H는 알고 있었습니다. 외국계 회사의 특성상 적극적이고 패기 넘치는 젊은 직원에게 큰 점수를 준다는 것을요. 신입 사원으로 그가 받은 초봉은 원래 회사가 주려고 했던 금액에서 크게 벗어나지 않았지만 1년 후는 달랐습니다.

짧은 경력에도 불구하고 H는 탁월한 성과를 보여줬습니다. 그 회사를 퇴사하고 다른 곳으로 이직을 하고 나서도 그가 어떻게 일을 하는지 궁금했을 정도였으니까요. 제가 마지막으로 들은 그의 안부는 몇 년 뒤 원래 연봉의 두 배를 받고 팀장으로 이직을 했다는 것이었습니다.

H의 패기가 대단하다고 느껴지는 이유는 바로 회사에 '리스크 제로'라는 옵션을 보여줬다는 점 때문입니다. 형편없이 일할지도 모르는, 아무런 능력이 증명되지 않은 신입 사원 때문에 높은 연봉이라는 리스크를 질 필요가 없다고 스스로 강조했지요. 일단 실력을 점검해보고 마음에 들면 대가를 지불하라는, '위험 없는 지불 유예'를 제안한 것입니다.

앞서 소개한 파란 버튼을 기억하나요? 인간은 본능적으로 잃는 것, 지는 것을 꺼려 합니다. 스스로 내린 결정이 나 또는 내가 속한 조직에게 손해를 입힐까 봐 두려워하지요. 그러므로 H가 인사담당자를 비롯한 회사에게 자신을 채용하려고 위험을 감수할 필요가 없다는 점을 먼저 언급한 것은 뛰어난 기지를 보여주는 행동입니다. 신입 사원의 연봉 협상에서 구직자의 입김은 사실 거의 작용하지 않고 대부분은 회사가 주는 입사 기회를 군말 없이 받아들이는데 이 친구는 미래의 보너스를 현재로 당겨오는 당돌함을 보였습니다. H의 제안은 회사의 욕구를 제대로 만족시켰습니다. 좋은 인재를 뽑아 지불 비용보다 더 큰 이익을 창출하고 싶다는 회사의 마음을 간파한 것이지요.

H는 영리하게도 협상의 가능성, 자신이 손을 뻗을 수 있는 최대 범위가 어디까지인지 알고 있었습니다. 협상에서는 바로 이런 부분을 'ZOPA'라고 부릅니다. Zone Of Possible Agreement, 즉 상대가 동의할 수 있는 범위라는 뜻입니다.

상황을 구매자와 판매자로 바꿔서 이야기해보겠습니다. 회사는 노동력을 사려는 구매자고, 구직자는 자신의 노동력과 경력을 판매하려는 판매자입니다. 연봉 협상 상황에서 ZOPA를 살펴보면 그림 1과 같습니다.

그림 1. 연봉 협상에서의 ZOPA

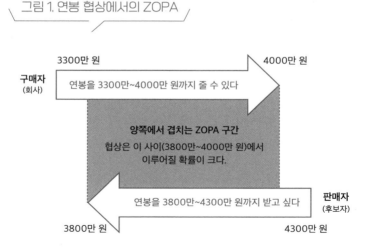

구매자
(회사)

3300만 원

연봉을 3300만~4000만 원까지 줄 수 있다

4000만 원

양쪽에서 겹치는 ZOPA 구간
협상은 이 사이(3800만~4000만 원)에서
이루어질 확률이 크다.

연봉을 3800만~4300만 원까지 받고 싶다

판매자
(후보자)

3800만 원

4300만 원

무형이든 유형이든 어떤 상품에 대한 최종 가격은 구매자와 판매자의 교집합 내에서 결정됩니다. 이런 범위를 모른 채 협상에 나선다면 어떻게 될까요? 판매자와 구매자 모두 자신이 정작 무엇을 원하는지, 어떤 부분까지 협상해야 결과가 만족스러울지 알 수 없습니다.

너무 당연한 이야기처럼 들리나요? 아쉽게도 많은 사람이 목표의 범위ZOPA를 정하지 않고 협상을 시작합니다. '일단 그쪽에서 뭐라고 하는지 들어보자. 어떻게든 잘 해결되겠지'라는 모호한 생각을 가지고 협상장에 들어갑니다. 이 이야기를 듣고 지금 머릿속에 떠오르는 주변 사람이 한 명쯤 있지 않나요?

어떤 인사담당자가 신규 입사자의 연봉 예산을 4000만 원 정도 가지고 있다고 가정해봅시다. 그가 처음부터 "우리 회사의 예산은 4000만 원입니다"라고 이야기할까요? 대부분은 그러지 않습니다. 최대 예산 4000만 원을 절대 보여주지 않습니다.

보통 인사담당자는 대화를 통해 입사자와 무언가를 주고받으며 결과를 만들려고 합니다. 저라면 3500만 원 정도에서 시작점을 보여줄 것 같습니다. 그리고 4000만 원까지 천천히 몇 번의 과정을 거쳐 숫자를 올릴 것입니다. 협상이란 적절한 속도로 원하는 것을 주고받는 일이니까요. 자신이 마음속으로 그어놓은 숫자까지 계속해서 양보와 줄다리기를 하는 것이지요.

어떤 사람은 이런 인사담당자를 보고 얄밉다고 합니다. '본인도 직원이면서 회사 편에서 서서 동료들의 연봉을 어떻게든 예산보다 깎으려고 하느냐'며 핀잔주는 사람을 많이 봤습니다. 하지만 그런 이야기를 하는 직원들도 만만치 않습니다. 4000만 원이 최대 예산이라고 몇 번이나 설명해도 믿지 않지요. 4100만 원, 4200만 원으로 올릴 방법을 어떻게든 찾아내려고 합니다. 사실 이렇게 준다, 못 준다 팽팽하게 줄다리기를 해야 결과에 대해 최선을 다했다는 만족감이 생깁니다. 이런 과정을 건너뛰면 어딘가 손해 봤다는 느낌을 지울 수 없고요.

이런 줄다리기 없이 "알아서 잘 맞춰주세요"라고 말하는 사람에게 한몫 제대로 챙겨줄 사람은 드뭅니다. 인사담당자 입장에서 4000만 원까지 줄 마음이 있었어도 마찬가지입니다. 후보자가 3000만 원 혹은 3500만 원으로 만족하는데 굳이 4000만 원이라는 숫자를 꺼낼 필요가 있을까요? 아무리 통장에 집값 3억 원이 있더라도 2억 8000만 원을 부르는 매도자에게 3억 원을 대뜸 내놓는 매수자가 존재할까요?

우리 모두는 각자의 ZOPA 안에서 움직입니다. 스스로 최저점과 최고점을 정하고 그 안에서 왔다갔다 하지요. 자신의 몸값이 현재 시장에서 얼마 정도 되는지, 그 기준점은 어디에 있는지를 꿰뚫지 않으면 인사담당자가 부르는 연봉에 이리저리 휘둘릴 수밖에 없습니다.

집값, 연봉, 프로젝트 예산, 아르바이트 시급까지 내가 주장할 ZOPA를 만들어야 합니다. 나의 범위를 스스로 지키지 않으면 나보다 고민을 더 많이 한 사람에게 끌려다닐 수밖에 없습니다. 지금 당신의 범위를 고민해 적어보세요.

Chapter 19

가장 마지막에 남는 것은 감정
이거 정말 싸게 샀다, 그렇지?

　　제가 대학생일 때만 해도 인터넷 쇼핑의 폭이 지금처럼 넓지 않았습니다. 물론 옷이나 책, 작은 소품은 쉽게 구입할 수 있었습니다. 그러나 가구와 같이 부피가 크고 오래 쓰는 물건은 보통 가구점이나 백화점을 방문해서 구매해야 했지요.

　　어느 날 집 근처 가구점에서 할인 행사를 한다는 소식을 들었습니다. 마침 어머니의 침대를 바꿀 시기가 됐기에 가구점으로 향했습니다. 침대는 한 번 사면 최소 5~10년은 쓰니까 되도록이면 꼼꼼하게 가구를 살펴보려고요.

침대를 사러 온 저희 모녀에게 가구점 사장이 세 가지 옵션을 간추려 보여줬습니다. 가장 가격이 비싼 A, 가장 잘나가는 모델 B, 한눈에 봐도 저렴해 보이는 C 중에서 가격과 재질, 디자인을 보고 고르라고 어머니에게 선택권을 넘겼습니다. 카탈로그와 매장에 진열된 침대를 꼼꼼히 살펴보고 중간 가격인 B가 좋겠다고 생각한 어머니는 사장에게 얼마나 할인해줄 수 있는지 물어보셨지요. 이미 20퍼센트 할인 행사가 진행 중이라 더는 불가능하다고 발뺌하던 사장은 긴 대화 끝에 겨우겨우 5퍼센트를 더 할인해주겠다고 한숨을 쉬며 말했습니다. 마진을 고려해서 원래 120만 원인 침대를 90만 원까지 깎아주겠다는 것이었지요.

그러나 어머니의 생활력은 만만치 않았습니다. 호락호락하게 넘어가실 어머니가 아니었지요.

"현금으로 드리면 무조건 5만 원 더 해주셔야 하는 거 아닙니까? 85만 원에 해주세요. 현금 받고 빨리 거래 마무리하시죠. 좋은 게 좋은 거니까."

어머니와 사장의 밀고 당기기가 시작됐습니다. 5만 원은 안 되고 2만 원만 더 빼주겠다, 5만 원은 해줘야 한다… 결국 어머니의 필살기가 나왔습니다. 은행에서 뽑아온 1만 원짜리 지폐를 한 장

한 장 세어본 것입니다. 현금 다발이 눈에 보이자 그제야 사장은 알겠다며 거래명세서를 가져왔습니다. 그러면서 이렇게 덧붙였지요.

"아이고, 정말 만만치가 않네. 어머님 정말 보통이 아니시네요. 졌어요, 제가. 뭐 좋은 게 좋은 거니까. 그 대신 앞으로 꼭 단골 돼주셔야 합니다, 아셨죠?"

가구점을 나오면서 어머니의 어깨는 봉긋 솟았습니다.

"정말 싸게 샀다, 그렇지?"

정가 120만 원인 침대를 85만 원에 샀으니 35만 원이나 아꼈다며 뿌듯한 마음으로 집으로 돌아왔습니다.

침대가 배달되기 바로 전날 저는 우연히 한 인터넷 쇼핑몰에 들어갔습니다. 아무 생각 없이 스크롤을 내리다가 눈이 익은 가구가 보였습니다. 일주일 전에 산 바로 그 침대였습니다. 침대의 가격은 놀랍게도 65만 원이었지요. 심지어 매장에서 구매할 때는 배송비 2만 원을 추가로 지불했는데 인터넷에서는 배송비도 무료였어요. 머리가 멍해졌습니다.

차마 내일 아침이면 배달될 침대의 실제 가격을 어머니에게 알려드릴 용기는 나지 않았습니다. 배달이 취소되면 좋겠다는 바람이 무색하게 침대는 제시간에 정확히 도착했습니다. 다행히 어머니는 새 침대를 무척 마음에 들어 하셨고, 10년 가까이 65만 원짜리 아니, 85만 원짜리 침대를 사용하셨습니다. 이 에피소드를 온라인과 오프라인 매장의 가격 차이를 보여주는 사례 정도로만 치부하기에는 아까운 몇 가지 교훈이 있습니다.

저는 협상을 가르칠 때 언제나 모의 협상 시간을 가집니다. 학생들은 대부분 아주 진지하게 이 과정에 임합니다. 실습이 시작되고 5분만 지나도 교실 안은 열기로 후끈 달아오릅니다. 제가 앉아 있는 것을 신경 쓰지 않을 정도로 대화에 다들 몰입합니다. 그때부터 저는 형사처럼 학생들의 말, 행동, 눈빛을 수첩에 메모합니다. 실습이 끝나면 학생들에게 피드백을 주려고요.

간혹 대화를 몇 분만 관찰해도 결과가 뚜렷하게 예상되는 경우가 있습니다. 대화 구성원의 표정, 몸짓, 눈빛, 단어가 모두 협상의 분위기를 좌우하기 때문입니다. 그 행동과 언어를 크게 세 가지로 정리해보겠습니다.

1. 권위적이고 독선적인 스타일: 목소리가 크고 대화에서 듣기보다는 말하는 비율이 높다. 일반적으로 협상에서는 한 사람에게 힘이 집중되기보다는 복잡한 이해관계가 얽힌 경우가 많은데 이런 스타일은 자신이 협상의 키를 쥐고 있다고 믿는다.

2. 수동적이고 소극적인 스타일: 다양한 협상권을 가지고 있지만 이를 충분히 사용하지 못하고 논리도 펴지 못한다. 자신의 약점에만 초점을 두기 때문에 협상을 최대한 짧게 진행하려고 한다. 거래 자체를 괴로워한다. 스스로 자발적 약자가 되는 것에 주저함이 없다.

3. 중립적이고 경청하는 스타일: 협상을 관계 안에서 풀어내려고 한다. 풀어야 할 문제는 딱딱하지만 인간은 부드럽다고 믿고 상대가 어떻게 이야기하든지 감정 기복이 크지 않다. 협상을 함께 이기는 게임으로 만들려고 한다. 특히 상대의 만족감과 승리감에 집중한다. 상대가 '이 정도면 충분히 만족해'라고 느끼는 지점까지 대화를 이끌고 마무리한다.

가구점 사장은 3번 스타일입니다. 협상이 본인에게 유리하게 돌아가도 끝까지 방심하지 않고 상대의 감정 특히 승리감에 집중

합니다. 이 거래가 자신보다 상대에게 좋은 결과라는 느낌을 만들어주지요.

심리학에서는 이것을 경험하는 자아와 기억하는 자아로 나눠 설명합니다. 기억이 다듬어지는 순간 어떤 감정으로 마무리됐는가에 따라서 사건 전체를 긍정적으로 혹은 부정적으로 완전히 다르게 해석하게 된다는 이야기입니다. 이 원리는 협상에서도 적용됩니다. 특히 어렵고 복잡한 거래일수록 상대가 마지막에 기억할 감정, 즉 '나와 협상 자체에 대한 호감'에 대해 항상 신경 써야 합니다. 상대가 이 협상에서 득을 봤다는 느낌을 만들어주면 그와 관계를 더 오래 지속할 수 있습니다. 이 협상에서 패자는 없습니다. 저희 어머니를 감정적 승자로 만들어주고 가구점 사장은 실리적 승자가 된 것처럼요.

협상은 자신의 욕구를 한 바퀴 에둘러서 채우는 과정입니다.
즉, 타인의 욕망을 건드리면서 내 욕망을 충족하는 것이지요.
자신의 욕구만 말하면 메시지가 제대로 전달될 수 없습니다.
원하는 것을 얻기 위해서는 상대에게 유용한 가치를
제공해줄 수 있어야 한다는 점을 기억하세요.

_____

Part 4. 나눗셈

**주고 나눠도
부족하지 않다면**

Chapter 20

정말 주는 사람이 성공할까?

실패한 기버와 성공한 기버

K는 IT 회사의 세일즈 분야에서 15년간 일한 베테랑입니다. 이와 동시에 두 아들의 엄마이자 MBA 석사이지요. 그런 그가 작년에 이어 올해도 부서에서 세일즈 실적 1위를 했다며 문자 메시지를 보내왔습니다. 코로나로 재택 학습을 하는 아이들과 같이 일하는 게 쉽지 않았을 텐데 좋은 성과를 낸 그에게 진심으로 축하한다고 답장을 보냈습니다.

그로부터 몇 개월 뒤, K가 풀 죽은 목소리로 전화했습니다. 2년 동안 세일즈 1위를 하고도 자신이 원한 만큼 연봉을 인상받지 못했고 승진 역시 하지 못했다고 합니다. 안타까운 마음을 전하려는데 그가 이렇게 덧붙입니다.

"제가 화가 나는 것은 사실 연봉과 승진 이슈가 아니에요. 그보다 더 실망스럽고 화가 나는 점은 갑작스런 동료의 퇴사로 덤터기를 썼다는 거예요. 새로운 사람을 뽑아도 모자랄 판에 오늘 동료가 하던 모든 일을 저에게 넘기겠다고 통보받았어요. 코치님, 아시잖아요? 상사가 제 연봉과 승진의 결정권을 갖고 있는데 어떻게 감히 안 된다고 하겠느냐고요.

당연히 남은 동료 다섯 명이서 퇴사한 동료의 몫을 나눠 가질 거라고 생각했는데 완전히 뒤통수를 맞았어요. 상사가 저에게 '해볼 수 있겠지? 너라면 할 수 있을 것 같아'라고 하는데 왜 아무 말도 못했을까요. 알고 보니 퇴사한 동료의 업무는 성과로 잡히지 않는 업무라 이미 동료들은 계산을 끝내고 모두 한 발짝 뒤로 물러나 있었더라고요. 아, 결국 저만 이렇게 또 당했어요. 왜 이런 일이 반복될까요? 저도 당당하게 원하는 걸 주장하고 싶은데 내면에 장애물이 있는 것 같아요."

"그 장애물이 K에게 뭐라고 말하는 것 같나요?"

K는 망설이지 않고 이렇게 대답했습니다.

"따뜻하고 친절한 부하가 돼라. 그것이 상사에게 만족감을 주고 결과적으로 승진이나 연봉 인상에 도움을 줄 것이다."

"올해 누가 승진이 됐죠? K가 가지 못한 그 자리에 누가 올라갔나요?"

K는 풀이 죽은 듯 조용히 답했습니다.

"자기 몫을 똑똑하게 챙기는, 저보다 연차가 2년 더 낮은 남자 후배가 가지고 갔어요. 그가 저에게 측은하다는 듯 이렇게 말했어요. 내년에는, 아니 내후년에는 꼭 저에게 기회가 올 거라고요. 그 말이 더 상처가 되더군요. 이상하게 내년에도, 내후년에도 기회가 오지 않을 거라는 말처럼 들렸어요."

그때 책상에 놓인 아담 그랜트Adam Grant의 책 《기브 앤 테이크》가 눈에 들어왔습니다. 표지에는 이런 문구가 써 있었습니다.

"주는 사람이 성공한다."

주는 사람이 성공한다는 말 자체는 어딘가 진부합니다. 평생 달라는 말보다는 주겠다는 말을 더 하면서 살았는데 또 주라는 이야기처럼 들려서요. 주는 사람이 성공한다면 K는 왜 승진도 연봉 인상도 받지 못하고 제자리걸음을 하고 있을까요? 왜 덤터기를 쓰고도 아무 말 못하는 자신을 타박할 수밖에 없을까요?

그랜트 교수가 말하는 '주는 사람', 즉 '기버giver'의 정의는 조금 다릅니다. 그가 설명하는 기버에는 두 가지가 있습니다. 첫째는 실패한 기버로. 우리가 흔히 이야기하는 '호구'입니다. 실속을 챙기지 못하는 사람, 퍼주고도 무시당하는 사람을 뜻합니다. 이런 사람은 극단적으로 베푸는 것에 익숙해서 주변 사람을 위해 희생하기 바쁩니다. 쉽게 권리를 포기하고 대화에서 힘을 못 쓰며 언제나 당합니다. 스스로를 지킬 수 있는 최소한의 에너지조차 확보하지 못해서 우울해하거나 괴로워하지요.

그렇다면 성공한 기버는 어떨까요? 이들은 겉으로 보기에는 이타적이지만 자신의 이익을 도모하는 일에도 적극적입니다. 남을 위해 자신을 과도하게 소진하지 않으며 똑똑하게 스스로의 안위를 챙깁니다. 자신의 이익을 위한 목표를 야심 차게 세우고 이를 고려해 언제, 어디서, 어떻게, 누구에게 베풀지 선택합니다. 다른 사람을 챙기는 것만큼이나 스스로를 챙기는 일의 가치와 기쁨도 충분히 이해하고 있습니다.

이왕 줘야 한다면 성공한 기버가 되는 것이 훨씬 현명한 일이겠지요? 이제 입장을 바꿔 생각해봅시다. 무엇이든 앞뒤 안 가리고 퍼주는 동료와 이타적이고 친절하면서도 사리에 밝은 동료 중 누구와 함께 일하고 싶나요? 주는 것에도 적극적이고 받는 것에도 적극적인 사람이 똑똑한 사람이라는 관점을 터득하고 나면 주는 방식과 받는 방식 모두 일에 있어 중요한 요소라는 사실을 깨닫게 됩니다. 무턱대고 친절한 것은 자신에게도 타인에게도 결코 좋은 인상을 주지 않습니다.

저는 K에게 이렇게 물었습니다.

"분명한 성과가 있는데도 왜 승진이나 연봉 인상을 주장하는 게 어려우셨을까요? 성과가 엉망인데 승진시켜달라고 하는 것도 아니잖아요."

K가 답했습니다.

"이기적으로 행동하고 싶지 않은 것 같아요. 자신의 것을 요구하는 게 나쁜 일 같아요."

"잠깐, 궁금한 게 생겼어요. 타인에게 무언가를 요구하기가 어렵다는 사람이 어떻게 2년 연속 세일즈 실적 1위를 한 거죠?"

"아니, 그거야 세일즈는 저를 위한 게 아니라 저희 회사를 위한 일이잖아요. 우리 회사에 도움이 되는 일이니까 이기적이라는 생각이 들지 않아요. 최근에는 소매가 아닌 도매 쪽 세일즈 부서 동료를 도와준 적도 있어요. 결렬될 뻔한 협상을 제가 살려냈어요. 이렇게 대의를 위한 일은 잘하는데 이상하게 스스로를 위한 일은 잘 못 챙겨요."

저는 이 말을 듣고 무릎을 탁 쳤습니다.

저의 솔루션은 바로 "다른 대의를 위해 설득하고 협상하세요" 였습니다. 자신을 위해 승진과 연봉 인상을 주장하는 게 이기적으로 느껴진다면 열심히 일하는 동료 워킹맘들을 대신해 협상에 나선다고 생각하면 어떨까요? K처럼 협상이 괴로운 일이라고 느끼는 여자 후배들에게 좋은 롤 모델이 되는 것이지요. 아니면 한 가정을 이끄는 엄마로서 마음을 달리 먹는다면 어떨까요?

카네기멜론대학교 경제학과 교수인 린다 밥콕Linda Babcock은 실력이 있으면서도 대가를 요구하는 데 서툰 여성들에게 이런 조언을 건넸습니다. "자신을 승진을 앞둔 직원이라고 생각하지 말고 그 직원을 대신해 협상에 나서는 멘토라고 상상해보라"고요. K 역시 이런 조언이 딱 맞아떨어지는 경우입니다.

모든 여성이 실패한 기버의 특성을 가지고 있다거나 모든 남성이 성공한 기버의 특성을 가지고 있다는 말이 아닙니다. 예컨대 저희 부부를 봐도 저는 협상과 설득에 공격적인 반면 남편은 그 반대거든요. 성별의 차이가 아닌 협상과 설득을 바라보는 관점의 차이입니다. 선천적으로 이타적인 성향을 타고난 사람이라면 오히려 그 관점을 역이용하는 게 효과적입니다.

K에게는 이렇게 넌지시 이야기했습니다. 다음에는 상사를 위해서 더 적극적으로 승진과 연봉 인상을 요구하라고요. 일을 잘하는 사람에게 몫을 더 챙겨주는 것은 리더의 보람과 행복일 뿐만 아니라 조직의 생리입니다. 상사가 그 결정을 효율적으로 할 수 있도록 자기 몫을 요구하는 기술을 길러보라는 조언이었지요. 리더에게 스스로 불만을 해결할 줄 아는 팀원이 얼마나 필요할지, 상사의 입장에서 이타적으로 생각해달라고 덧붙였습니다. K는 무엇인가를 크게 깨달았다는 듯 알겠다고 답했습니다.

반년 뒤 K는 이타심을 디딤돌 삼아 승진에 성공했습니다. 그리고 예상대로 그의 상사는 누구보다도 그의 승진을 축하해줬습니다.

위험은 시간으로 나누세요

협상력을 높이는 협상 노트

제가 대학원에서 강의할 때 학생들에게 강조했던 점이 있습니다.

'당신의 협상 결과는 협상장 안에 들어가기 전에 이미 결정이 났다.'

이게 무슨 소리냐고요? 협상 상대를 만나고 서로 의견을 팽팽하게 주장하고 함께 합의점을 도출하지 않았는데 어떻게 결과를 알 수 있을까요? 그것은 바로 협상의 80퍼센트는 '준비'에 달려 있기 때문입니다. 상대가 예상하지 못한 반응을 보였을 때도 협상의 고수는 침착하게 대응합니다. 이것이 가능한 이유는 바로 이미 그 상황이 시나리오에 있었기 때문입니다.

원하는 것을 얻어내야 할 때는 누구나 긴장합니다. 말 한마디로 상대의 기분을 상하게 만들 수도 있고 친구를 적으로 돌릴 수도 있다는 점을 알고 있기 때문입니다. 이런 협상에서 실수하지 않으려면 철저한 준비가 필요합니다. 그리고 준비는 협상 상대를 만나기 1초 전까지 계속돼야 합니다.

더 자세한 예를 들어 살펴볼까요? A는 언제나 모든 일을 즉흥적으로 하기를 좋아합니다. 그날의 기분에 따라 말투도 휙휙 바뀌고 교통체증과 같은 변수를 계산하지 않아 약속 시간에도 자주 늦지요. 협상 스타일도 '일단 들어가서 최선을 다하자' 주의입니다. 어차피 협상장에 누가 나올지, 무슨 이야기부터 할지, 어떻게 협상을 마무리할지 혼자서 결정할 수 있는 게 하나도 없는데 뭐하러 미리 힘을 빼는지 모르겠다고 생각합니다. 그때그때 상대가 어떻게 나오는지에 맞춰 대응하면 된다고 믿지요.

B는 A와 다릅니다. 무엇이든지 미리 확인하고 준비하는 습관이 몸에 배어 있습니다. 인터넷으로 정보를 미리 찾아보고 자료를 수집하는 일을 좋아합니다. 여행을 할 때도 모든 변수를 계산

합니다. 비 예보가 없지만 비가 올 수도 있으니 언제나 우산을 가지고 다니고 배터리가 언제 방전될지 모르니 늘 충전기를 챙기지요. 이런 습관은 협상장에서도 그대로 이어집니다.

B는 늘 협상이 시작되기 전 상대를 최대한 자세히 조사합니다. 혹시나 겹치는 인맥이 있으면 지인에게 전화해서 상대에 대해 이것저것 물어봅니다. 자신이 만날 대상이 말을 빨리 하는지 느리게 하는지, 어떤 색깔을 좋아하는지, 반려동물이 있는지까지도 적어둡니다.

극단적인 예를 들었지만 제가 어떤 차이를 이야기하려고 하는지 대충 짐작이 가지요? 대부분은 A와 B 사이의 어느 지점에 있을 것입니다. 상대를 봐가면서 느긋하게 협상하는 사람과 최대한 미리 준비하고 머릿속으로 대화를 그려보며 실수를 줄이려는 사람 중 누가 평균적으로 더 자신에게 유리한 협상을 할 수 있을까요?

제가 최근에 코칭한 고객들에게 한 조언도 이런 것이었습니다. 일터에서 다양한 협상과 설득을 하는 사람이라면 협상 노트를 한 권 정도 가지고 있어야 한다는 것이었습니다. 이 노트는 미팅을 하기 전, 중간에, 끝나고 자신이 준비한 것, 잘한 점, 실수했거나 고쳐야 할 점을 모두 적는 용도입니다.

　제 주변을 보면 열 명 중 아홉 명이 협상을 어려워합니다. 그 아홉 명은 살아가며 협상을 할 때마다 같은 실수를 반복합니다. 작년에 실수로 연봉 협상을 잘 못했는데 올해도 비슷한 실수를 하는 식입니다. 상황을 바꿔보려고 해도 뭘 고쳐야 할지 모르니 자포자기합니다. 이런 사람에게는 준비가 생명입니다.

　그렇다면 어떻게 협상 노트를 쓰면 좋을까요? 사람마다 아날로그와 디지털에 대한 선호가 다르니 어떤 방식이든 사실 큰 상관은 없습니다. 디지털로 간다면 개인 컴퓨터의 폴더보다는 클라우드 폴더같이 언제 어디서든 자료를 열람할 수 있는 곳에 기록하는 게 더 편하겠지요? 만약 아날로그가 더 좋은 사람은 휴대하기 좋은 다이어리에 메모해도 좋습니다. 노트에 적어야 할 내용은 다음과 같습니다.

[협상·미팅·대화 준비 점검]

1. 지난번 협상의 과정과 교훈

2. 이번 협상의 목표와 시도할 것

3. 예상 가능한 변수

[협상·미팅·대화 상대의 분석]

1. 협상 시 예상할 수 있는 그(그들)의 요구와 욕구

2. 의사소통 시 특이점이 있다면?

3. 지난번 협상에서 가장 애를 먹은 부분과 그 이유

[협상·미팅·대화 과정에서 배운 것]

1. 이번 협상에서 알게 된 특이점

2. 준비한 것 중 유용했던 것과 부족했던 것

3. 이 협상을 다시 하게 되면 어떤 부분을 고쳐보고 싶은가?

사실 이 항목은 예전에 제가 대만의 고위 공무원들에게 협상을 가르칠 때 정리한 내용을 차용해온 것입니다. 정부에서 이뤄지는 내부적, 외부적 협상은 그 과정을 측정하거나 반추하기 어려운 경우가 많습니다. 그렇다 보니 마지막으로 나온 결과물만 보고 협상의 성공과 실패를 평가하기 쉽습니다. 이런 오류를 바로잡기 위해

만든 리스트입니다.

대화가 끝난 후 상대를 다시 불러다 앉혀놓고 피드백을 공유할 수는 없겠지만 스스로를 점검할 수는 있습니다. 내 앞에 거울이 있다고 가정하고 협상장 안에서 내가 했던 모든 생각과 말, 몸짓을 하나하나 복기하며 살펴보는 것만으로도 협상력을 크게 발전시킬 수 있습니다. 의사소통을 하는 것에도 무의식적인 습관이 있고 나쁜 버릇을 조금만 교정해도 완전히 다른 결과를 가져올 수 있기 때문입니다.

이 항목에 어떻게 답하면 되는지 구체적인 예시를 소개하겠습니다.

[협상·미팅·대화 준비 점검]

1. 지난번 협상의 과정과 교훈: 작년에 연봉 협상을 할 때는 회사가 원하는 수준에 맞췄다. 다들 그런 줄 알았는데 회사에 이의를 제기한 사람들은 연봉을 올렸다는 것을 몇 개월 지나 알게 됐다. 회사의 사정을 양해해달라고 이야기하는 팀장에게 너무 쉽게 수긍했다는 게 큰 실수였다.

2. 이번 협상의 목표와 시도할 것: 지난 3년 동안 연봉이 거의 동결

됐으니 올해는 이 문제를 제대로 지적할 것이다. 이를 위해 평가 자료, 성과를 모두 파일로 만들었다. 연봉을 10퍼센트 인상하는 것을 목표로 할 것이고 최저점은 7퍼센트로 잡았다. 12~13퍼센트로 협상을 시작해 10퍼센트로 마무리할 수 있게 대화를 이끌어나갈 것이다.

3. 예상 가능한 변수: 첫 시도에서 바로 인상을 받을 수 없을지도 모른다. 2, 3차 미팅을 해야 할 수 있으니 마음을 굳게 먹자.

[협상·미팅·대화 상대의 분석]

1. 협상 시 예상할 수 있는 그(그들)의 요구와 욕구: 회사는 늘 그렇다. 돈을 적게 주고 일을 더 많이 시키고 더 큰 성과를 내려고 하지 않는가. 다음에는 내가 이루어낸 성과를 더 자주, 확실하게 각인시켜주는 것도 방법이라고 생각한다. 내가 한 일에 대비해서 연봉 인상을 주장하는 것이 맞으니까. 사세가 확장되면 어쨌든 연차가 높은 사람들에게 기회가 돌아갈 것이니 이직을 고려하기보다 이 회사에서 오래 근무하면서 리더가 되는 것을 고려해야겠다.

2. 의사소통 시 특이점이 있다면?: 사수가 부서를 이동했다. 이에 대

한 정보가 더 많이 필요할 것 같다. 조직도 변화가 빈번하니 다른 부서장들과 긴밀하고 좋은 관계를 맺는 일에도 신경 쓰는 것이 좋겠다.

3. 지난번 협상에서 가장 애를 먹은 부분과 그 이유: 팀장이 자꾸 미 꾸라지처럼 인사권은 본인의 권한이 아니라 인사 팀의 권한이라 고 이야기하며 빠져나갈 때 어떻게 대처해야 할지 모르겠다.

[협상·미팅·대화 과정에서 배운 것]

1. 이번 협상에서 알게 된 특이점: 팀장이 생각보다 고자세로 나오 지 않아 놀랐다. 그렇다고 나의 제안을 바로 수락한 것도 아니었 다. 회사에서 최대한 배려하겠다고는 했지만 내가 원하는 수준에 미치지 못한다면 무엇을 더 협상 테이블에 가져와야 할까?

2. 준비한 것 중 유용했던 것과 부족했던 것: 파일 정리는 잘했지만 협상 시간이 너무 퇴근 시간 가까이었다. 팀장과 나 모두 시계를 자주 본 것 같다. 아침이나 점심 지나서 협상을 시작하는 게 더 나은 것 같다.

3. 이 협상을 다시 하게 되면 어떤 부분을 고쳐보고 싶은가?: 다른 회사에서 나와 비슷한 일을 하는 사람들에 대한 데이터가 없다

보니 회사 내부의 기준만으로 근거를 설명해야 해서 버겁다는 생각이 들었다. 중립적인 데이터를 더 많이 찾아보고 참고해야겠다.

4. 이번 협상에서 배운 점, 깨달은 팁: 조직 내부에서 진행하는 연봉 협상에서 좋은 결과를 얻는 것이 일차 목표지만, 나의 몸값이 꼭 이 회사를 통해서만 결정되면 안 된다는 생각이 들었다. 당장 이직을 할 생각은 없지만 플랜 B를 늘 염두에 두는 것이 좋겠다.

Chapter 22

20분 안에 3000만 원을 벌 수 있다면
욕망의 지도를 그려라

2019년 말 신년 계획을 이야기하던 남편이 마음속에 품고 있던 소망을 꺼내놓았습니다. 내년에는 부모님과 가까운 곳에 작은 아파트를 마련하고 싶다고요. 남편은 고국인 영국을 15년 넘게 떠나 있었던 터라 조금 놀라긴 했지만 그 마음을 충분히 이해할 수 있었습니다. 영국에서 부동산을 사고파는 과정을 몰랐던 저는 일단 그 결정을 응원한다고 말했습니다. 그러면서 혹시 제가 도와줄 일이 있다면 언제든지 말해달라고 했습니다.

몇 달 뒤 남편은 한 부동산 프로젝트를 발견했습니다. 오랫동안 방치된 4층짜리 공장을 주거용으로 바꾸는 프로젝트였습니다. 영국에서는 오래된 공장 건물의 뼈대는 살린 채 주거용으로 바꿔 파는 경우가 흔하다고 하더군요. 한국에서도 폐공장을 카페나 전시장으로 활용한다는 기사를 본 적은 있지만 주거용으로도 변환할 수 있다는 것은 처음 안 사실이었습니다.

남편은 그 집에 푹 빠졌습니다. 집의 구조나 분위기가 너무나 낯설게 느껴진 저는 모든 결정을 남편에게 일임했습니다. 은행에서 대출을 받고 거래를 하기 위해 변호사를 고용하는 과정에 한국인인 제가 도와줄 부분은 특별히 없는 것 같기도 했고요. '그렇게 마음에 들었다니 이제 곧 거래와 흥정을 시작하겠구나'라는 생각으로 두 달을 보냈습니다. 그리고 3월이 될 무렵 아무 소식을 들은 기억이 없다는 생각이 퍼뜩 나서 물었습니다.

"잠깐, 그 집 거래는 어떻게 되고 있는 거야?"

남편은 시큰둥하게 '구매하고 싶지만 집값이 예산을 초과해서 이러지도 저러지도 못하고 있다'고 대답했습니다. 그럼 지난 3개월간 부동산업자와 어떤 이야기를 나눴느냐고 물어보니 그는 '아무것도 진전된 게 없다'고 했습니다.

"아니, 왜 아직까지 나눈 말이 없어? 집값을 최소 어디까지 흥정한 거야?"

제 질문을 듣고 남편은 저를 힐끗 보며 이렇게 대답했습니다.

"당신은 영국의 부동산 시장에 대해 아는 게 하나도 없잖아? 이쪽은 완전히 다른 분위기라고. 내가 할인에 대한 이야기를 꺼내니까 그런 것 없다고 딱 잘라 말하던데? 영국은 집값이 그렇게 쉽게 깎이는 구조가 아니야."

이 질문을 받고 저는 이렇게 말했습니다.

"나도 집값은 수요와 공급에 의해서 결정된다는 것, 교통의 편의성이나 개발 가능성 같은 게 집값에 영향을 미친다는 점은 이미 알고 있어. 당신이 보고 있는 그 집은 아직 완공된 게 아니라 개발 중이고 런던 같은 대도시가 아니라 거품이 좀 덜한 지역에 있다는 사실도 잘 알고 있지. 내가 영국에서 살아본 적은 없지만 영국의 부동산 거래에는 협상이 존재할 수 없다는 단정은 납득하기 힘드네. 특히 코로나 때문에 완공 날짜를 확정할 수도 없는 상황이잖아. 지금 이 조건을 지렛대 삼아서 충분히 구매자에게 호의를 이끌어낼 수 있을 것 같아. 만약 당신만 괜찮으면 집값 협상에 내가 조금 더 적극적으로 개입해보면 어떨까?"

영국에서는 집값 흥정이 불가능하다고 단정 지은 남편은 '계란으로 바위를 치는 것'이라는 식의 말을 했습니다. 누가 계란이고 누가 바위일지는 일단 쳐봐야 알겠지요? 자, 결론으로 넘어가볼 게요. 이렇게 시작된 저의 부동산 협상기는 어떤 결과를 맞이했을까요?

남편과 부동산업자가 나눈 이메일을 다 읽어보고 저는 새로운 전략을 세웠습니다. 그리고 이메일 한 통을 보내 일차적으로 3000만 원 할인을 얻어냈습니다. 단 한 통의 이메일로 3000만 원을 깎는 것을 본 남편은 믿을 수 없다는 듯 흥분했습니다. 본인이 흥정을 시도했을 때는 '그런 할인은 없으니 살 거면 사고 아니면 말라'고 이야기하던 부동산업자가 선뜻 태도를 바꿨으니 그럴 만도 하지요. 하지만 저는 거기에서 한 발짝 더 나아가 3000만 원을 한 번 더, 총 6000만 원의 할인을 받았습니다.

이 협상에서 가장 충격을 받은 사람은 부동산업자가 아닌 바로 남편이었습니다. 저에게 잘 모르면 빠져 있으라고 훈수를 두더니 뒤통수를 맞은 격이 됐지요. 남편은 영국의 부동산 시장을 잘 모르는 제가 어떻게 이런 협상을 했는지 궁금해했습니다.

저는 영국 부동산 시장의 전문가가 아닙니다. 하지만 시장의 원리와 부동산업자가 가진 욕망을 이해하면 그 부동산이 영국에 있든 미국에 있든 한국에 있든 큰 상관이 없습니다. 결국은 이 모든 게 물건을 만들어 파는 사람과 그것을 최대한 좋은 조건에 사려고 하는 사람 사이의 입장 차이를 줄이는 게임이기 때문이지요.

제가 첫 번째 할인을 이끌어낸 요인은 무엇이었을까요? 당시 영국이 코로나로 혼란스러웠다는 환경적 요인도 한몫했습니다. 저는 이메일을 보내기 전 온라인으로 그 지역의 매물을 조사했고 파운드화의 가치가 내려간 시점에 미리 영국 계좌에 송금을 해뒀습니다. 이런 사실을 일부러 이메일에서 공개했지요. 실제 이메일에 작성한 내용은 이렇습니다.

1. 최근 파운드화가 2000원에서 1500원으로 하락해서 보유하고 있던 외화를 파운드로 바꿔 영국 계좌로 송금해뒀다. (송금 내역을 캡처한 이미지를 이메일에 첨부해 우리는 집을 즉시 구매할 준비가 돼 있다는 점을 강조)

2. 코로나 사태로 많은 사람이 직장을 잃고 학교를 다닐 수 없는 수준이 됐다. 그 도시의 경기는 어떤가? 앞으로 부동산 시장의 전망을 어떻게 보는가? (부동산 시장이 침체됐다는 것을 우회적으로 시인하게 만드는 질문)

3. 현재 그 지역의 부동산 매물을 확인해보니 급매로 나온 아파트가 많아 보이는데 이런 변수가 해당 아파트의 가격에 영향을 줄 수 있지 않은가? (시장의 수요와 공급을 실시간으로 보고 있다는 표현)

4. 코로나로 인해 약속한 완공 날짜가 지켜지지 않을 수 있는데 이런 위험 요소가 현재 집값에 반영됐나? 은행 대출을 받아 돈을 지불했는데 제날짜에 완공되지 않으면 어떤 구제를 받을 수 있는가?

5. 몇 주 전까지만 해도 가격을 내리는 것이 불가능하다고 한 것은 알지만 이런 사정에도 불구하고 당신 생각은 여전히 변함이 없는가? 당신의 매니저 혹은 관련 부서와 상의를 하고 새로운 가격을 제시해줄 여지가 있는가? 우리는 구매 의향이 확실한 편이니 우리의 요청을 최선을 다해 재검토해주길 기대한다. (얼마 전까지 안 된다고 했는데 갑자기 말을 바꾸는 게 쉽지 않을 테니 팀과 이야기를 나누고 새로운 의견을 가지고 오면 좋겠다고 설명)

이 이메일을 작성하는 데는 약 20분 정도가 소요됐습니다. 그리고 3000만 원을 얻어냈으니 시간 대비 효과가 좋은 시도였습니다. 한국에서는 부동산을 거래할 때 보통 문자나 통화를 선호하지만 영국에서는 이메일로 천천히 의견을 주고받는 것을 선호했습니다. 물론 저희 부부가 싱가포르에 살고 있어서 시차 때문에 통화를 하는 것이 쉽지 않기도 했지만요.

일주일 뒤 3000만 원을 할인해주겠다는 이메일을 보고 남편은 두 눈을 의심했습니다. 협상이 불가능하다고 했던 부동산업자의 이야기가 진실이 아니었던 것이지요. 아니 그것이 진실이었다고 해도 코로나로 인해 상황이 바뀌었기 때문에 입장을 고수하기는 힘들었을 것입니다. 3000만 원을 깎은 것만으로도 놀라워하는 남편에게 저는 '이 금액은 사실 기본적으로 깎을 수 있는 것이기에 진짜 할인을 받아냈다고 할 수 없다'고 말했습니다. 그리고 조금 더 줄다리기를 해보기로 시나리오를 짰지요. 3000만 원에서 얼마를 더 깎을 수 있느냐보다 이 과정에서 해볼 수 있는 모든 게임을 정말 다 해봤느냐가 저에게는 더 중요한 문제였거든요. 결과적으로는 한 번 더 3000만 원을 할인받았고 2라운드에서 제가 사용한 지렛대는 다음과 같았습니다.

첫 번째, 부동산업자와 남편이 한 배를 타기로 합니다. 이 거래의 최종 결정권자는 아내인 저로 설정하고 남편은 강경한 결정권자인 저를 설득하기 위해 부동산업자의 도움이 필요하다는 이야기를 시작했습니다. 본인은 이 계약을 꼭 하고 싶기에 당신의 도움이 필요하다고요.

제 남편보다 나이가 몇 살 많은 부동산업자는 이 말에 크게 공감했습니다. 본인의 아내도 항상 어떤 거래든 어렵고 힘들게 만든다는 것이었지요. 그렇게 둘 사이에 집을 사고팔겠다는 공동의 목표가 생기니 대화의 분위기가 훨씬 부드러워지면서 추가 협상의 여지가 생겼습니다.

두 번째, 집값 안에 포함된 수수료, 세금, 관리비 등을 구매자가 아닌 판매자 부담으로 돌렸습니다. 집값이라는 큰 계산서 안에는 다양하게 지출해야 하는 여러 가지 자잘한 항목이 있습니다. 그중 많은 요소가 서비스료에 포함됩니다. 이 항목을 조사해서 회사에서 부담해줄 수 있는 부분이 없을지 확인을 요청했습니다. 무작정 가격을 내려달라는 게 아니라 "이러이러한 서비스 내역은 우리가 반을 부담하고 회사가 나머지 반을 부담하면 어떨까요?"로 제안했습니다. 그 제안을 일부 받아들여줬고요. 수수료를 낮추는 것도 결국 지갑에서 나가는 돈이 줄어드는 것이니 저희는 실제 집값을 덜 내는 효과를 누리게 됐습니다.

세 번째, 추가적인 위험을 레버리지leverage 했습니다. 영국의 부동산을 공부하다가 영국에는 렌탈 보증rental guarantee이라는 것이 있다는 사실을 알게 됐습니다. 저의 부부는 당분간 영국에서 살 계획이 없기에 구입할 집을 월세로 줘야 합니다. 이때 월세가 나가지 않을 위험을 회사에서 부담하는 제도가 바로 렌탈 보증 제도입니다. 최소 2년간 저희가 구매한 집에 세입자가 오지 않으면 월세의 일정 부분을 회사에서 내주는 것이지요. 이 제도를 계약서 조항에 넣는 것으로 최종 합의를 했습니다.

이렇게 다양한 조건을 검토해서 최종적으로 6000만 원 정도를 깎을 수 있었습니다.

잠깐, '남편이 집값을 할인해달라고 했을 때는 가만히 있었으면서 저자에게는 왜 할인을 해준 거지?'라는 의문을 품는 독자 여러분이 있을 것 같군요. 이 부분을 조금 더 자세히 살펴보겠습니다.

먼저 이런 예를 들어볼게요. 여러분이 회사에서 열심히 일하고 있는데 한 후배가 다가와 이렇게 말합니다.

"선배님, 제가 지금 몹시 목이 마른데요. 제가 아이스 아메리카노를 아주 좋아하니까 저에게 커피 한잔 사주시죠?"

이 말을 듣고 어떤 마음이 들까요? 아마 대부분 당황스러운 표정을 지을 것 같습니다. '아니, 네가 좋아하는 커피를 내가 왜 사줘야 해? 나에게 무슨 득이 된다고?'라는 생각이 머릿속에 들지도 모르겠네요. 이렇게 상대에게 자신의 바람을 일방적으로 요구하는 말에는 아무런 힘이 들어갈 수 없습니다. 오히려 반감만 사게 되지요.

무작정 할인을 요구한 남편의 말도 마찬가지입니다. 부동산업자에게 구매자의 욕구만을 보여주면 어떻게 될까요? 우리 예산이 한정돼 있으니 집값을 깎아달라고 하면 얼씨구나 기다렸다는 듯 바로 할인을 해줄 사람이 과연 있을까요?

심지어 그 부동산업자는 기업에 소속된 업자라 집값을 홈페이지에 떡하니 명시했습니다. 정가가 따로 없어서 대화를 나누며 분위기에 따라 그때그때 가격을 흥정할 수 있는 구조가 전혀 아니었지요.

이러지도 저러지도 못하는 남편을 위해 소매를 걷어붙이고 협상에 들어가기 전 미리 혼자 해본 작업이 있습니다. 이 작업을 저는 '욕망 지도 그리기'라고 부르는데요. 이 지도는 그림 2처럼 생겼습니다.

그림 2. 욕망 지도

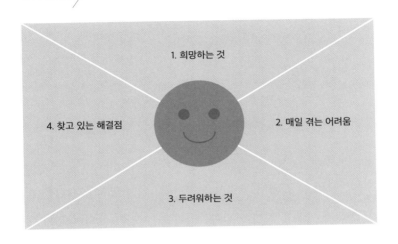

욕망 지도의 중심에는 상대의 얼굴을 넣습니다. 나 자신을 위한 협상을 해야 할 때는 나의 얼굴이 들어가도 괜찮습니다. 이 지도를 그리는 이유는 상대를 파악하기 위함입니다. 제가 생각한 부동산업자의 욕망 지도는 이러합니다.

1. 희망하는 것: 확실한 구매자를 만나 신속하게 거래를 성사시키는 것, 이번 프로젝트에 포함된 매물 20개를 제시간에 모두 파는 것.

2. 매일 겪는 어려움: 시장이 불안하니 찔러보고 마는 구매자가 많

음. 매일 많은 연락을 받고 협상을 해야 해서 심리적으로, 육체적으로 지침. 코로나로 인한 불안감 때문에 일부 고객이 계약을 파기하겠다고 통보하는 상황일 것.

3. 두려워하는 것: 매물이 20개나 나와 있는 상태로 세일즈 실적을 올려 회사에서 인정을 받아야 한다는 압박감.

4. 찾고 있는 해결점: 현재와 미래에도 꾸준히 실적을 올리는 것.

욕망 지도를 그리니 무엇이 보이나요? 어떤 말이나 제안을 해야 상대가 그것을 기꺼이 받아들일까요? 저는 각각의 항목에 대한 답을 몇 줄로 정리했습니다. 그 내용이 바로 제가 보낸 첫 번째 이메일에 담긴 내용이었어요.

1번에 대한 답: 살 것처럼 물어만 보는 뜨내기 구매자가 아니라 진중한 구매자로서의 모습을 보여준다. (마침 파운드화가 낮을 때 환전을 해둘 생각이었기에 은행의 송금 내역을 준비할 수 있었음)

2번에 대한 답: 코로나라는 변수를 최대한 이용해서 변화된 시장 상황을 집값에 새롭게 반영해달라고 한다. (개인적인 생각이 아니라 사회적 변화를 반영한 집값을 알아보고 싶다고 요청)

3번에 대한 답: 부동산업자가 회사에 소속돼 있으니 팀에서 같이 할인이 가능할지 의논해달라고 한다. (개인적으로 할인이 안 된다고 말하는 것은 쉽지만 할인을 해주려면 분명 팀 내부에서 조율과 확인을 거쳐야 할 거라고 생각)

4번에 대한 답: 이 거래가 잘 성사되면 싱가포르에 근무하는 영국 사람들, 특히 본국에 집을 구입하고 싶어 하는 사람들에게 당신 회사와 서비스를 추천할 수 있다고 한다. (우리와 같은 잠재적 소비자를 소개해주는 것을 싫어할 세일즈맨은 없다고 판단)

욕망 지도를 작성하는 데는 5분 정도가 걸렸습니다. 이 5분이 없었다면 '내가 커피를 좋아하니 나에게 커피를 내놓으시오' 같은 이메일을 보낼 수밖에 없었을 것입니다. 이렇게 맞은편에 있는 사람의 머리와 마음에 발을 담그면 상대를 움직일 창의적인 제안을 떠올릴 수 있습니다.

협상은 자신의 욕구를 한 바퀴 에둘러서 채우는 과정입니다. 즉, 타인의 욕망을 건드리면서 내 욕망을 충족하는 것이지요. 자신의 욕구만 말하면 메시지가 제대로 전달될 수 없습니다.

커피를 마시고 싶은 후배 이야기로 돌아가볼까요? 어떻게 후배의 입장에서 선배에게 기분 좋게 커피를 대접받을 수 있을까요? 협박을 해서 받아내는 것이 아니라 선배가 기꺼이 커피를 사게 만드는 방법, 이제는 조금 감이 오나요?

답은 선배가 가진 두려움과 어려움을 감소시키고 희망과 해결점을 증폭시키는 것입니다. 선배가 오랫동안 싱글로 지내서 외로워한다면 소개팅 이야기를 슬쩍 꺼내며 대화를 시작해보는 것이지요. 선배가 한꺼번에 여러 프로젝트를 진행하느라 정신없이 바쁘다면 손발이 돼줄 가능성을 보여주는 것은 어떨까요? 커피뿐만 아니라 따듯한 밥 한 끼까지 알아서 대접해주지 않을까요?

원하는 것을 얻기 위해서는 상대에게 유용한 가치를 제공해줄 수 있어야 한다는 점을 기억하세요. 그 가치가 무엇인지 알아내는 과정은 상대의 위험을 줄여주고 혜택을 늘려줄 방법을 찾는 것에서 시작됩니다. 내가 커피를 마시고 싶으니까 사달라고 주장하는 것이 얼마나 서툰 전략인지 감이 오나요? 내가 원하는 것은 일단 잠시 숨겨두고 상대가 어떤 욕망을 가지고 있는지, 그 욕망을 어떻게 감소시키고 증가시킬지 그려본다면 자연스럽게 상대는 귀를 기울일 것입니다.

Chapter 23

숫자를 나눌 때 숫자가 남는다
자기중심성 탈피하기

얼마 전 후배 한 명과 친구 네 명이 함께 만났습니다. 같이 차를 마시는데 후배가 이런 이야기를 합니다.

"저도 성실하게 일하고 나름 일머리도 있거든요. 그런데 이상하게 다른 사람은 승진을 하고 연봉도 오르는데 저는 매번 실패해요. 제 설득력의 문제인 것 같은데 정확하게 무엇 때문인지 모르겠어요."

그 이야기를 듣고 자리에 있는 사람 모두 후배가 충분히 본인의 일을 잘해내고 있으리라는 점을 의심하지 않았습니다. 후배가 일을 못해서 그런 대우를 받는 것은 아닐 것이라고 굳게 믿었지요. 팔은 안으로 굽는다는 말처럼 다들 후배의 편에서 한마디를 보탰습니다.

"네가 있는 그 부서, 그 부서장이 너랑 맞지 않는 거야. 이참에 부서를 바꿔보는 것은 어때?"

"네가 있는 그 회사의 연봉 체계가 좀 짠 것 같아. 부서를 바꿀 거면 차라리 이직을 해봐!"

"아니야, 네가 있는 그 산업군의 전망이 좀 모호하잖아. 이직을 할 거라면 업계를 완전히 바꿔봐."

선배들의 제안을 들은 후배의 얼굴에 점점 물음표가 가득해졌습니다. 협상이 안 되는 이유가 정말 외부 조건 때문인 것일까요? 우리가 후배의 성실함에만 집중해서 진짜 실패 요인을 외면하고 있는 것은 아닐까요? 중간에서 이야기를 가만히 듣던 저는 한 가지를 제안했습니다.

"우리 이렇게 해보면 어떨까? 내가 상사라고 생각하고 올해 너의 성과에 대해서 5분간 설명해보는 거야. 5분이 너무 길다면 3분도 좋아. 너의 성과를 평가하기 위해 회의실에 있다고 가정해보자. 지금 막 자리에 앉았고 이제 너의 이야기를 편견 없이 들어볼 거야. 너의 주장을 듣고 혹시 내가 조언해줄 게 있을지 확인해 보고 싶어."

그제야 후배의 얼굴이 조금 밝아졌습니다. 이직보다는 역할극이 쉬우니까요. 막상 말을 하려니 부끄럽다는 후배에게 "뭐, 우리끼리니까 걱정 말고 이야기해봐"라고 긴장을 풀어줬습니다. 후배의 이야기는 이렇게 진행됐습니다.

"회사에 입사한 지 벌써 4년이 흘렀지만 저는 아직도 진급을 하지 못했습니다. 작년에도 저는 출산 휴가를 가는 동료의 일을 맡아서 빈틈없이 처리했고 올해는 심지어 부서가 통합되면서 처음 해보는 일도 갑자기 맡게 됐습니다. 새로운 프로젝트도 무탈하게 진행하고 있고 별일이 없으면 계획했던 일정에 맞춰 잘 마무리할 것 같습니다. 이렇게 지난 몇 년간 저는 열심히, 성실하게 일했지만 연봉이 만족스럽게 인상되지 않은 것 같고 진급도 많이 늦은 것 같습니다. 올해만큼은 제 노력에 대한 보상을 받았으면 좋겠습니다."

후배의 이야기를 듣고 머릿속에 전구가 딱 켜진 느낌이 들었습니다. 저와 후배의 대화를 조용히 듣고 있던 친구들도 비슷한 생각을 한 것 같았고요. 저는 후배에게 물었습니다.

"지금 한 말의 요점이 뭐야?"

"요점이요? 방금 설명해드린 것처럼 저 열심히 일했으니까 연봉을 올려주시고 승진도 누락되지 않도록 도와달라는 뜻이죠."

그 말을 들은 친구들이 이구동성으로 이야기했습니다.

"아, 이제야 알겠어! 이건 환경의 문제가 아니야. 너의 상사, 부서, 회사의 문제가 아니라고. 너의 대화에는 어쩜 숫자 하나가 없니? 네 이야기를 듣고 머리에 남는 숫자가 하나도 없어!"

나의 입장을 제일 잘 아는 사람은 누구일까요? 바로 나 자신입니다. 그래서 스스로에 대한 이야기를 할 때는 오히려 더 고민해야 합니다. 내가 나를 너무 잘 알고 있어서 생략한 단어나 표현은 혹시 없는지 생각해봐야 합니다. 즉, 협상을 할 때는 자기중심적인 시각을 언제나 경계해야 합니다. 이는 후배에게도 해당하는 이야기이지요.

스스로 한 점 부끄럼 없이 열심히 성실하게 누구보다 최선을 다해 일했다고 말하는 것은 사실 아이러니하게도 자기중심성이 가득한 표현입니다. 스스로는 잘 알고 있지요. 수많은 이메일을 처리하기 위해서 밤늦게까지 야근한 날도 있다는 점을요. 출산 휴가를 간 동료의 빈자리를 채우기 위해서 얼마나 동분서주했는 지요. 새로운 프로젝트를 런칭할 때 갓 입사한 부사수를 가르치 며 두 배로 일했다는 것을요. 하지만 후배는 충분히 칭찬받아 마 땅한 일을 하고도 성과를 표현하는 데 실패했습니다.

그렇다면 어떻게 해야 자기중심성을 탈피할 수 있을까요? 앞 서 제 친구들이 후배에게 앞다퉈 지적했듯 숫자를 사용하는 것입 니다. 마음씨 착한 후배는 이 부분을 몰랐습니다. 그러니 승진과 연봉 인상을 받아야 하는 이유로 온통 '열심히, 최선을 다해, 성 실하게'라는 부사와 형용사만 남발한 것이지요. 헤드헌터인 친구 한 명이 후배의 말을 하나씩 교정해줬습니다.

"앞으로는 모든 말의 3분의 1을 숫자로 채운다는 목표를 정해 봐. 숫자가 꼭 성과에 관련한 것이 아니어도 좋아. 예를 들면 '내 일모레, 목요일 아침에 만나요'라고 말하는 습관을 '7월 27일 오 전 10시에 뵙겠습니다'라고 바꿔보는 거야. 늦게까지 야근을 했 다는 표현도 '저녁 9시 15분이 지나서 퇴근했다'라고 표현할 때 확실하게 와닿거든. 훨씬 날카롭지? 이렇게 해야 상대의 뇌에 너 의 논리가 남는 거야.

6시가 퇴근 시간이지만 누구에게는 6시 10분도 야근이고 누구에게는 7시 30분이 넘어야 야근이야. 너의 퇴근 시간은 보통 9시가 넘었던 것 같은데 상사는 네가 저녁 6시 30분까지 일했다고 오해할 수 있잖아. '말하지 않아도 초과근무를 했다는 걸 알아주겠지', '그때쯤 이메일을 보냈으니까 내 노력을 알아주겠지'라고 생각하면 안 돼.

자, 너의 이야기를 다시 정리해보면 이런 부분이 빠진 것 같아. 첫째, 성과를 최대한 수치화해봐. 너는 지원 부서니까 네 지원이 조직의 효율성에 어떻게 기여했는지 최대한 조사해보는 거야. 회사의 이익은 꼭 세일즈로만 생기는 것이 아니야. 예산을 어떻게 효율적으로 사용했는지 숫자로 정리해도 되겠지. 출산 휴가를 간 동료 대신 얼마나 일했는지, 근무 시간 여덟 시간 중 그 시간이 얼마 정도였는지 정리해보는 거야.

둘째, 네가 하는 일로 혜택을 받은 사람들의 숫자를 세봐. 소속된 부서에서만 진가를 발휘하라는 법은 없지. 네가 예전에 다른 팀에 가서 실무 교육을 해준 적 있다고 하지 않았어? 그런 소소한 성과를 모두 적어보고 숫자로 표현하는 거야. 그 교육에 참여한 사람 스물일곱 명, 그 교육으로 회사가 얻은 효과, 예를 들면 외부 강사를 섭외하지 않아도 돼서 절약한 교육비, 그 교육에 만족한 타 부서 상사들의 숫자 일곱 명… 이런 것까지 모두. 그런 모든 정보가 모여서 너의 성과를 결정하는 거야.

셋째, 지금까지 과거와 현재의 숫자를 계산해봤다면 그다음은 미래의 숫자를 계산할 차례야. 너의 효율성이 올해는 X만큼이었는데 내년에는 Y만큼 증진할 거라는 계획을 말할 수 있어야 해. 누군가를 승진시킨다는 것은 무슨 의미일까? 그 사람의 책임이 앞으로 더 커진다는 뜻이잖아? 왜 네가 그 큰 책임을 맡을 수 있는지 제대로 설명하는 것이 중요해. 숫자로 변화될 부분을 정확하게 짚어주는 것과 그냥 '열심히 하겠다, 믿어만 달라'라고 이야기하는 것은 하늘과 땅 차이거든."

후배의 눈이 반짝이기 시작했습니다. 사실 그는 숫자를 다루는 일을 하면서도 그 숫자를 노력의 증표로 써야겠다는 생각을 해본 적은 없었다고 했습니다. 이제는 숫자의 중요성을 깨달았으니 37.8퍼센트 정도 대화를 바꾸고 82.5퍼센트 승진 확률을 높일 수 있겠지요? 다시 한 번 떠올려볼까요? 단어는 흐려져도 숫자는 남는다고요.

물리적 환경이 협상에 불리하게 작용할 수 있다는 점을
늘 염두에 둬야 합니다. 이런 방해 요소를 미리 차단하는 습관을
익히는 것이 중요합니다. 보이지 않는 덫이 어디쯤에서 나올지
미리 머릿속으로 그려보는 것과
아무 준비도 하지 않고 있다가 뒤통수를 맞는 것은
완전히 다른 결과를 만들어냅니다.

_____

Part 5. 괄호

**이제 괄호를
어디에 칠까요?**

Chapter 24

이상하게 운수가 없다고요?
대화 환경의 중요성

　　D과장은 중국의 한 납품업체와 협상을 하기 위해 출장
길에 올랐습니다. 3개월 넘게 이메일과 전화로만 소통을 해오다
가 납품업체의 공장을 살펴보고 직접 협상에 나설 때가 온 것이
지요. 원래는 상사인 P상무와 동행하려고 했지만 여러 사정으로
혼자 협상을 진행하게 됐습니다.

　　홍콩으로는 수십 번 출장을 가봤지만 중국 본토 출장은 처음이
었습니다. 출장 첫날 서둘러 택시를 타고 납품업체 공장으로 향
했습니다. 정확한 주소와 이동 소요 시간 등을 미리 확인하고 출

발했지만 출근 시간이라 교통 상황이 그다지 원활하지 않았습니다. 공장 부지가 워낙 커서 입구를 찾기도 어려웠습니다. 결국 약속 시간을 15분 넘겨 회의실에 도착했습니다.

D는 허겁지겁 미팅 장소에 들어가 자리를 찾아 노트북을 세팅했습니다. 아직 날씨는 6월 초인데 회의실이 사우나 같았습니다. 왜 굳이 덥고 습한 방에서 미팅을 해야 하는지 속으로는 살짝 짜증이 났지만 내색할 수는 없었지요. 차가운 물 한잔을 부탁했더니 뜨거운 보이차만 있다면서 작은 찻잔을 내밉니다. 어쩌겠습니까, 일단 그거라도 호호 불어 마실 수밖에요.

거래처 사람들과 간단하게 악수를 하고 오늘 미팅의 안건에 대해 이야기를 나눴습니다. 시작 시간은 조금 늦어졌지만 끝나는 시간은 약속한 대로 칼같이 끝내야 한다고 합니다. D와의 미팅이 끝나고 바로 다른 거래처와 미팅이 있기 때문이라고 하네요. D는 다음 미팅을 진행할 회사가 자기 회사의 경쟁사라는 점을 눈치챌 수 있었습니다. 쉬는 시간도 없이 연이어 다음 미팅을 잡은 납품업체에게 약간 서운했지만 아무렇지 않은 척 그는 일단 협상을 시작했습니다.

회의실은 답답하고 바짝바짝 목이 탑니다. 이런 상황에서 혼자 미팅을 진행해야 한다는 압박감에 벌써부터 정신이 혼미합니다. 어젯밤 협상의 안건과 조건을 몇 번씩 확인하며 다짐한 우호적인 결과를 만들어내겠다는 각오는 어디로 갔을까요? 오랫동안 만들었던 자료, 법률, 근거들이 과연 오늘의 협상에서 써먹을 수 있는 정보인지도 모르겠습니다.

( )

협상 연구소에서 학생들을 가르치던 시절 저의 사수는 중국 협상 전문가였습니다. 그는 대만국립대학교를 졸업하고 컨설팅 회사에서 일하며 중국 회사와 굵직한 계약을 성사시켰고 오랜 시간 중국 본토에서 일했던 경험을 살려 유럽에서 학생과 공무원을 대상으로 중국의 협상 노하우를 강의했습니다. 그의 강의를 들으면서 가장 흥미로웠던 지점은 물리적 환경이 협상에 미치는 영향에 대한 것이었습니다.

그때 사수가 소개한 실제 사례로 이런 것이 있었습니다. A회사 직원이 B회사 직원과 협상을 하려고 합니다. B회사에서 파견한 협상 팀 서너 명이 A회사의 회의실로 들어오면 이런 환경에 놓인다고 합니다.

미팅에 들어온 B회사 사람들은 지정된 의자에 앉게 됩니다. 하필이면 이 의자는 에어컨 바로 아래 놓여 있어서 한여름임에도 불구하고 정수리에 찬 기운을 쐬게 됩니다. 그리고 공교롭게도 B회사 사람들이 앉은 의자는 다리가 약간 짧아서 A회사 사람들이 앉은 의자보다 높이가 낮습니다. 자연스럽게 B회사 사람들은 마주 앉은 A회사 사람들을 올려다볼 수밖에 없게 되지요. 그리고 그들의 자리 건너편에는 정수기가 있지만 안타깝게도 근처에 컵이 없습니다.

이 협상장에서 하필이면, 공교롭게도, 자연스럽게, 안타깝게도 발생한 문제는 사실 A회사가 의도적으로 조작한 요소입니다. 처음에는 A회사의 이야기가 극단적인 사례일 것이라고 생각했습니다. 그런데 제가 더 놀란 것은 그 수업을 듣는 최고경영자와 중역들이 이 이야기에 맞장구를 쳤다는 사실이었습니다. 그들은 일부러 상대에게 불리한 환경을 교묘하게 만들어놓고 협상을 시작한다는 노하우(?)를 가지고 있었지요.

규모가 큰 회사끼리의 협상이나 이해관계가 복잡하게 얽힌 국가 간 협상까지는 아니더라도 물리적 환경이 협상에 불리하게 작용할 수 있다는 점은 염두에 둬야 합니다. 그리고 이런 방해 요소를 미리 차단하는 습관을 익히는 것이 중요합니다. 보이지 않는 덫이 어디쯤에서 나올지 미리 머릿속으로 그려보는 것과 아무 준비도 하지 않고 있다가 뒤통수를 맞는 것은 완전히 다른 결과를 만들어냅니다. 그렇다면 과연 어떤 준비를 해야 할까요?

첫째, 생리 욕구를 미리 해결합니다. 관련 연구를 보면 판사들은 오후보다 오전 또는 점심 식사 직후에 가석방을 더 자주 선고한다고 합니다. 몸과 마음의 컨디션이 좋을수록 가석방 선고 비율이 높은 것이지요. 냉철하고 정확하게 결정을 내리도록 훈련받은 판사도 생물학적인 욕구 앞에서는 판단력이 흐려질 수 있다는 것입니다.

둘째, 미팅 장소가 낯선 곳에 있다면 미리 도착해 근처에서 기다렸다 들어갑니다. 절대로 D과장처럼 약속 시간에 늦어 허둥지둥하면 안 됩니다. 교통 상황, 날씨 등 모든 변수는 내가 그 약속 장소에 한두 시간 일찍 도착하면 부정적인 영향을 미치지 않는 것들입니다. 협상을 시작하지도 않았는데 상대에게 미안해야 할 일을 굳이 만들 필요가 있을까요? 적어도 약속 시간 15분 전에는 미리 약속 장소에 도착하거나 근처 커피숍이나 공원에서 그날의 안건을 살펴보세요.

셋째, 권위 있는 매무새를 갖춥니다. 꼭 비싼 명품을 입지 않아도 됩니다. 머리를 단정하게 정리하고 가능하면 튀는 색보다는 검정색이나 남색 옷을 입어 나이에 상관없이 차분한 이미지를 보여주도록 합니다. 메모하는 데 불편함이 없도록 노트와 볼펜도 미리 준비합니다. 너덜너덜한 종이, 잘 나오지도 않는 볼펜을 상대에게 보여줄 필요는 없겠지요? 아주 작은 준비가 큰 결과의 차이를 만들 수 있습니다.

넷째, 쉬운 주제와 어려운 주제가 있으면 시간 분배를 위해 쉬운 것부터 시작합니다. 처음부터 복잡하고 어려운 이야기를 해나가다 보면 그날 미팅 시간 내에 아무것도 합의하지 못하고 끝나는 경우가 생깁니다. 대전제를 결정하는 큰 안건부터 논의해야 한다면 적당하게 시간을 안배할 것을 먼저 제안해서 뒤의 안건까지 한번에 모두 소화할 수 있도록 합니다.

다섯째, 상대가 의도적으로 혹은 비의도적으로 협상에 불리한 조건들을 만들어낼 수 있음을 유의하세요. 평소 추위, 더위를 잘 타거나 긴장할 때 물을 자주 마신다면 가방에 카디건이나 물병 등을 챙겨 다니세요.

여섯째, 중요한 거래를 앞두고 있다면 상대를 만날 환경에 대해 미리 점검하고 그 장소를 직접 방문해봅니다. 협상장의 구도, 의자와 테이블 배치 등을 사전에 확인하면 당일에 당혹감을 느낄 확률을 많이 줄일 수 있습니다.

앞서 이야기한 대로 협상의 안건 역시 미리 확인하면 좋습니다. 그날 이야기할 주제를 기분에 따라 정하지 말고 협상 스케줄과 안건을 사전에 이메일이나 구두로 합의합니다.

협상장에서 이야기가 한참 오가는데 화장실에 다녀오는 것은 실례가 될 수 있습니다. 쉬는 시간이 있을지 없을지 모른다면 중요한 미팅 전에는 일부러라도 화장실에 들르세요. 이야기 도중 잠깐이라도 자리를 뜨면 대화의 흐름을 놓칠 수 있습니다.

여러분은 어떤가요? 중요한 미팅 전에 식사를 하지 않아서 혹은 몸에 맞는 차나 커피를 마시지 못해서 회의 내내 불편함을 겪은 적 있나요? 내가 들어간 회의실에 커피와 간식이 준비돼 있지 않을 확률은 늘 있습니다. 누군가 그런 것들을 준비해주기를 바라면 안 됩니다.

〈EBS 다큐 프라임, 인간의 두 얼굴〉을 보면 면접관이 면접 중 어떤 음료가 담긴 컵을 들고 있느냐에 따라서 채용 결과가 완전히 달라진다는 사실을 알 수 있습니다. A그룹의 면접관에게는 차가운 콜라를 들고 있게 했고 B그룹의 면접관에게는 따뜻한 커피를 들고 있게 했습니다. 그 결과 A그룹 면접관 전원이 면접자에 대해 '인상이 차갑고 적합한 인재가 아니다'라는 평가를 내렸으며 B그룹 면접관들은 모두 면접자들이 '온화하고 적합한 인재'라는 평가를 내렸습니다. 참고로 A그룹과 B그룹의 면접자는 모두 동일 인물이었습니다. 이처럼 우리가 어떤 환경에 의식적으로 혹은 무의식적으로 노출되는지는 협상 결과에 생각보다 큰 영향을 미칩니다.

Chapter 25

말의 값을 열 배로 올리는 작은 센스
저맥락으로 말하기

코로나가 전 세계를 강타했던 그때 프랑스에서 유학을 하고 있던 J는 미국에 있는 마케팅 회사와 온라인으로 채용 인터뷰를 진행했습니다.

그가 저에게 도움을 청한 시점은 인사담당자와의 1차 인터뷰를 막 통과하고 함께 일할 매니저와의 2차 인터뷰를 준비할 때였습니다. 1차는 아주 간단한 인사 팀 면접이었는데 그 인터뷰에서 J는 '화상 면접을 더 철저하게 준비하고 2차 인터뷰를 진행했으면 좋겠다'는 말을 들었다고 했습니다. 서류만 보면 자격이 충분하지만 인터뷰 기술이 부족하다는 뜻이었지요.

면접이 화상으로 진행되는 만큼 J와 저 역시 화상으로 만나보기로 했습니다. 인터뷰 환경을 동일하게 조성해 모의 면접을 진행해보고 또 그가 다루기 어려워했던 연봉 협상에 관한 이야기도 나누기로 했지요. 그렇게 J와 20분 정도 이야기를 해보니 왜 인사팀에서 그에게 무언가를 고쳐야 한다는 눈치를 줬는지 이해할 수 있었습니다.

첫째, 그의 얼굴이 또렷하게 잘 보이지 않았습니다. J는 빛을 등지고 앉아 있었고 집 안의 조도도 아주 낮았습니다. 모니터에 달린 카메라 렌즈가 지문이 묻은 것처럼 뿌예서 얼굴이 제대로 보이지 않았습니다. 그 탓에 미팅을 하는 내내 시야가 답답했습니다. 렌즈의 선명도보다 더 큰 문제는 얼굴을 비추는 각도였습니다. 노트북이 눈높이보다 아래에 있어서 카메라에 비친 그의 모습이 아주 어색하고 불편하게 보였습니다.

둘째, 그는 카메라를 보고 아이 콘택트를 하지 않았습니다. 그의 눈은 시종일관 출력해놓은 자료를 보거나 모니터 밖을 응시했습니다. 화상 대화를 할 때 모니터의 렌즈 부분을 보지 않으면 상대에게 눈을 맞춘다는 느낌을 줄 수 없습니다. 그래서 마치 의도적으로 눈을 피한다는 인상을 받았습니다.

셋째, 그의 말이 가끔 이해하기 어려울 정도로 빨랐습니다. 누구나 각자 말하는 속도가 다르고 평균보다 약간 빠르거나 느리게 이야기할 수 있습니다. 화상 미팅에서는 이 부분을 특히 신경 써야 합니다. 면 대 면 상황에서는 상대의 반응을 보면서 말을 못 알아듣는 것 같으면 속도를 조절할 수 있지만 화상 대화에서는 그러기 힘듭니다. J는 그의 말을 쫓아가지 못하는 저의 표정을 잘 읽어내지 못한 것 같았습니다.

본격적으로 연봉 협상에 대해 이야기하기도 전에 그에게 조언할 부분이 제 메모장 한가득 적혀 있었습니다. 그래서 중요한 주제를 다루기에 앞서 디지털 미팅 에티켓에 관해 먼저 알아보자고 제안했습니다. 이 부분에 대한 점검 없이는 연봉 협상 전략을 논의하는 것이 무의미했으니까요.

J에게 제가 발견한 세 가지를 피드백해줬습니다. 그리고 디지털 시대에서 중요해진 '저맥락으로 말하기 기법'에 대해서도 같이 이야기를 나눴습니다.

대화에서 맥락의 중요성은 누구나 알고 있을 것입니다. 누군가와 이야기할 때는 고맥락과 저맥락 중 어떤 방법을 활용할 것인가를 선택할 수 있습니다. 고맥락이란 말 그대로 직접적인 표현을 숨기고 에둘러 소통하는 것을 뜻합니다. 예를 들어 고맥락 대화에서 누군가가 하늘을 보면서 "달이 참 밝구나"라고 이야기했다면 달이 어떤 것을 비유하는지를 살펴봐야 합니다. '밝다'도 맥락에 따라서 긍정적으로 사용될 수도, 부정적으로 사용될 수도 있지요. 맥락에 의해 말의 의미가 달라진다는 것입니다. 이렇게 은유와 비유를 자주 사용하는 말하기는 듣는 사람에게 큰 숙제를 주는 대화 방법입니다. 눈치껏, 상황을 살펴 뜻을 헤아리지 못하면 왜곡해서 받아들일 수 있으니까요.

반대로 저맥락 대화에서는 추측이 필요 없습니다. 상대가 '싫다'고 직접 말했다면 이유와 의도를 생각할 것 없이 '그 부분은 거절했다'고 정리하면 빠릅니다. 저맥락 대화의 대표적인 예는 전자제품 사용 설명서입니다. 설명서를 읽으며 그 안에 적힌 단어와 문장의 속뜻을 추측해야 하는 일은 절대 없지요? "A를 B에 끼워 넣으세요"라고 써 있으면 말 그대로 받아들이면 됩니다. 맥락이 숨어 있지 않으니까요.

화상 대화가 자주 활용되는 디지털 시대에는 이런 저맥락 말하기, 즉 누구나 이해할 수 있는 설명 능력이 필요합니다. 한 공간에서 얼굴을 보고 대화할 때는 자연스럽게 분위기와 표정, 대화 구성원 사이의 기운을 읽어낼 수 있습니다. 언어뿐만 아니라 앉아 있는 자세, 위치, 옷매무새, 머리 모양까지 모두 스캔할 수 있으니까요. 그러나 작은 모니터를 사이에 두고 대화할 때는 깔끔하고 친절한 설명이 대화의 질을 좌우합니다.

화상 대화를 나눌 때 처음에는 모니터 혹은 카메라를 열심히 바라보려고 해도 시간이 흐르면 자연스럽게 카메라 바깥의 세상에 눈길이 돌아갈 수밖에 없습니다. 상대는 보지 못하는 창문, 핸드폰, 걸어가는 사람들까지 우리 주변에는 집중을 방해하는 요소가 많습니다. 그러므로 화상 대화에서는 청자가 대화에 몰입하도록 평소보다 훨씬 더 정확하고 세세하게 설명해야 합니다.

카메라 세팅 역시 저맥락 대화에서 이해를 도울 수 있는 시각적인 요소입니다. 최대한 또렷하게 보이도록 환경을 설정하면 좋습니다.

직접 만나 이야기하면 신경 쓰지 않아도 될 문제인데 이렇게까지 해야 한다니 너무 불편하게 느껴지나요? 하지만 장점도 큽니다. 프랑스에서 한국에서 싱가포르에서 국경을 넘어 소통하게 해주니까요. 화상 대화에 필요한 기본적인 에티켓을 갖추기만 하면 되지요. 면접은 상대에 대해 전혀 모르는 두 사람이 한 공간에서 정해진 시간 안에 서로를 얼마나 신뢰할 수 있는지 판단하는 자리입니다. 안 그래도 스트레스가 높을 수밖에 없는 상황인데 기본적인 것을 갖추지 못해 점수를 깎아 먹는 일이 일어나서는 안 됩니다.

저맥락 대화법에서는 다음 세 가지를 염두에 두면 좋습니다.

첫째는 주제입니다. 어떤 상황에 대해 설명할 때 기준점을 세워두는 것입니다. 시간을 기준으로 한다면 과거, 현재, 미래 혹은 역순으로 설명하면 됩니다. 만약 등장인물을 기준으로 한다면 이름과 직책별로 설명합니다. 여러 이야기를 해야 한다면 조직의 단위, 제품 종류, 경쟁 서비스 등 각각의 주제로 묶어 대화를 구성하면 됩니다. 시간, 사람, 제품, 서비스, 장점, 단점을 마구 섞어서 이야기하면 대화의 중심이 무엇인지 도통 감을 잡기 힘듭니다. 어떤 분류 체계를 가지고 대화를 구성할 것인지 머릿속에서 정하고 이야기를 시작하세요.

둘째는 말의 속도입니다. 앞서 이야기한 것처럼 사람은 사고와 대화의 속도가 각자 다릅니다. 내 입장에서는 천천히 말했다고 생각할 수 있지만 상대에게는 그렇게 느껴지지 않을 수 있습니다. 모니터를 보고 메모를 하다 보면 가끔 핵심 내용을 놓치기도 하지요. 반대로 너무 느리게 말해도 좋지 않습니다. 마음이 느슨해져서 대화에 집중하기 힘들 수 있습니다.

어떤 것이 적당한 속도인지 모르겠을 때 가장 유용한 방법은 상대에게 속도를 확인받는 것입니다. 속으로 '이 정도면 충분하겠지'라고 짐작하지 말고 "지금 제 말을 이해하기가 어떠신가요? 충분히 편하게 이해가 되시나요?"를 물어보는 것이 좋습니다. 이런 질문 한두 번만 섞어도 배려심 넘치는 인상을 줄 수 있습니다. 또한 상대가 내 말을 얼마나 이해했는지도 함께 파악하게 해줍니다. 경우에 따라서는 "지금까지의 내용을 이해하셨나요? 혹시 질문 없으신가요?"라는 식으로 한 발짝 더 나가도 좋습니다.

대화할 때 이렇게까지 상대의 이해도를 확인하는 사람은 의외로 드뭅니다. 면접처럼 긴장되는 대화에서는 더욱 그러하고요. 이런 질문을 적절하게 한다면 이력서에서는 보여줄 수 없었던 인간적인 매력을 제대로 발휘할 수 있습니다.

셋째는 글자입니다. 가능하면 화상 대화의 마무리는 문서로 합니다. 면접을 끝내고 그냥 사무실을 나오지 마세요. 일터에서의 대화를 비롯한 모든 공적인 대화는 문서로 마무리돼야 합니다. 이야기를 정리하고 약속한 내용을 글로 남기세요. 말은 증발하지만 글은 증거가 될 수 있기 때문입니다.

면접에서와 같이 다음 대화를 약속하기 어려운 경우에도 마찬가지입니다. "면접 기회를 주셔서 감사합니다"라고 말로만 끝나는 것이 아니라 감사의 이메일을 보내라는 뜻입니다. 복잡하고 예민한 주제일수록 대화가 끝난 뒤 내용을 정리해두는 게 두말할 것 없이 중요합니다.

코로나 시대를 거치며 우리는 화상으로 대화하고 일하고 미팅하는 것에 익숙해졌습니다. 하지만 이때 기본적인 매너가 얼마나 중요한지는 쉽게 잊어버리곤 합니다. 불필요한 오해를 만들지 않도록 친절하고 명료한 저맥락 대화법을 시도해보세요.

10분만 더 화장실에 머무른다면
나의 모습을 거울에 비춰보자

대만의 공무원에게 협상 코칭을 하러 타이페이국립대학교로 출장을 간 적이 있습니다. 재경부, 자원부, 무역부 등 자국의 이해를 높이는 일을 하는 공무원의 협상력을 점검하고 부족한 부분을 가르치는 프로젝트였는데요. 그때 저는 모의 협상을 진행해 그들의 장단점을 분석하고 그에 관한 피드백을 제공했습니다.

다들 오랫동안 고위 공무원으로 일해왔다 보니 다양한 국가와 예민한 문제를 다루며 쌓은 내공이 만만찮았습니다. 그래서인지 수업 내내 교실의 열기는 뜨거웠습니다. 실전인지 연습인지 헷갈

릴 정도였으니까요. 저는 수업 중간중간 그들의 협상 태도, 언어적·비언어적 협상력을 열심히 사진 찍고 기록해 평가 내용을 개별적으로 전달했습니다.

그룹 수업이 끝나고 일대일 코칭 시간을 가졌습니다. 그때 한 50대 공무원이 저에게 이런 고백을 했습니다. 지난 17년간 다양한 협상장에서 나라를 대표해 중요한 안건을 처리해왔지만 자신의 협상력을 면밀하게 점검해본 것은 오늘이 처음이라고요. 팀끼리 업무를 돌이켜보기는 하지만 늘 결과 위주의 보고서를 작성하느라 그 과정에서 실수한 것, 고쳐야 하는 부분은 간과하고 있었다고 덧붙였지요. 그는 저에게 이렇게 물었습니다.

"이런 수업도 정말 유용하지만 늘 선생님에게 피드백을 기댈 수는 없잖아요? 비용도 많이 들뿐더러 저희같이 바쁜 실무진이 2, 3일씩 자리를 비우는 것도 사실 쉬운 일이 아니거든요. 혹시 저희에게 일상에서 협상력을 높일 수 있는 방법을 가르쳐주실 수 있으신가요? 오늘 수업에서 배운 내용을 쉽게 복습할 수 있는 방법은 무엇일까요?"

저의 대답은 아주 간단했습니다.

"화장실에서 금방 나오지 마세요. 5분, 아니 2~3분만이라도 거울을 보면서 협상을 연습해보세요. 실제 대화하듯이 거울에 비친 자신의 얼굴을 보면서 말해보는 거예요. 대화할 때 자신의 표정과 눈빛이 어떤지 제대로 확인하고 싶다면 그 모습을 카메라로 녹화해서 보는 게 가장 정확합니다. 하지만 이렇게 하기는 너무 번거롭죠. 이럴 때 가능한 방법이 바로 화장실의 거울을 활용하는 것입니다.

제가 연습해보니 안방 화장대 거울은 너무 주변 환경이 편안해 큰 도움이 되지 않더군요. 보통 화장실에서 볼일을 본 뒤 손만 씻고 나올 텐데 그러지 말고 몇 분만 자신의 얼굴을 바라보세요. 협상에서 가장 막혔던 부분, 어려웠던 주제, 전달하기 괴로운 내용을 정리해서 거울에 대고 앞에 사람이 있다고 상상하며 말해보는 겁니다. 본인의 얼굴, 말투, 눈빛 등을 직접 확인하면서요. 협상 테이블 건너편에 앉아 있는 사람에게 내가 어떤 기운, 분위기, 인상을 남기는지 알아보려면 이런 연습이 필수입니다."

( )

화장실 거울을 무대 삼아 타인과 이야기하듯이 연습하기.

이 방법은 제가 인사담당자에서 교육 컨설턴트로 커리어를 전

향할 무렵, 한 금융사에게 리더십 교육을 의뢰받았을 때 고안한 방법이기도 합니다. 회사를 다닐 때도 리더십 교육을 받아본 적 없었던 제가 갑자기 과·차장급 직원 30명을 네다섯 시간씩 교육하는 프로젝트에 덜컥 섭외된 것이지요. 교육까지는 일주일밖에 남지 않았고 저는 모든 역량을 다 동원해서 능숙한 강사로 저를 새롭게 포지셔닝해야만 했습니다.

저는 일주일 동안 화장실에서 거울을 보면서 저의 표정, 목소리 톤, 발성, 발음이 잘 되지 않는 문장이나 단어를 살펴봤습니다. 화장실의 특성상 목소리가 울려 제 목소리가 마이크를 잡고 이야기하는 것처럼 들렸지요. 친구들을 불러다 앉히고 연습할 수도 없고 매번 카메라로 녹화하고 확인하는 것도 번거로우니 떠올린 방법이었습니다. 화장실 거울을 보고 이 말을 수백 번 했던 기억이 납니다.

"안녕하세요, 오늘 리더십 강의를 맡은 쟈스민이라고 합니다."

이 짧은 한 문장을 이야기하는 것도 어려워서 몇 번이고 연습했습니다. 어떻게 호감 가는 표정을 지어야 하는지, 말할 때 손동작은 어떻게 해야 하는지, 어떤 억양으로 말해야 하는지 거울 앞에서 연습하다 보니 조금씩 감이 왔지요. 한 시간씩 화장실에 틀

어박혀 있다 어머니에게 한 소리를 들어야 했지만요.

사실 저는 지금도 끊임없이 이 연습을 계속하고 있습니다. 제가 감당하기 버거운 설득을 해야 할 때, 연봉 협상처럼 앞으로의 1~2년을 결정하는 중요한 협상을 앞둘 때면 몇 번씩 화장실을 들락날락합니다. 그리고 제가 만나는 모든 고객에게 이렇게 연습할 것을 제안합니다. 어려운 대화를 나눌 때 무심코 나오는 나의 표정과 언어를 미리미리 살펴보길 바랍니다.

Chapter 27

8410만 원짜리 스토리텔링, 한번 해보겠습니까?

상대를 매혹시키는 이야기의 힘

Q는 20년간 한 회사에서 세일즈맨으로 일했습니다. 대학을 졸업하고 처음 입사한 직장에 만족하며 다녔습니다. 그러나 코로나로 인한 여러 가지 악재로 회사는 대규모 구조조정에 들어갔고 Q도 어쩔 수 없이 회사를 떠나야 했습니다.

몇 달 정도 푹 쉬며 재충전한 Q는 취업 준비를 시작했습니다. 코로나 여파가 쉽게 가라앉지 않아 취업 시장은 생각보다 더 얼어붙어 있었습니다. 인터뷰조차 잡히지 않는 답답한 몇 달을 보내다 예전 동료에게 연락을 받았습니다.

동료는 'P회사가 지금 사람을 찾고 있는데 아무리 생각해도 Q가 그 일의 적격자라고 생각해서 연락했다'고 했습니다. 그는 본인이 추천해줄 수 있으니 그 회사와 인터뷰라도 해보라고 독려했습니다. 동료의 설명을 듣고 Q는 충분히 자신이 도전할 만한 업무라 판단해 자신 있게 지원했습니다. P회사에서도 Q의 자격과 경력을 흡족해했고 입사 날짜를 조율하는 단계까지 대화가 오갔습니다.

Q는 20년간 한 회사에 있었던 점, 구조조정으로 나왔다는 점을 고려해 전 직장 수준에만 연봉을 맞춰주면 근로 계약서에 기꺼이 사인하려고 했습니다. P회사의 사세, 코로나 이후 기업 이익이 증가했다는 언론 보도를 봤지만 Q의 기대치가 그렇게 높은 편은 아니었습니다. 그러나 모든 인터뷰가 끝나고 인사 팀에게 최종 오퍼 레터를 받은 그는 충격을 받았습니다. 원래 연봉에서 무려 10만 싱가포르달러(약 8410만 원)나 적은 숫자가 적혀 있었던 것입니다. 연봉의 앞자리가 바뀐 것이지요.

Q가 저에게 연락한 것은 오퍼 레터를 받은 날 저녁이었습니다. 점심에 이메일을 보고 무척 실망스러워서 입맛을 잃었다고 했습니다. 20년 경력을 제대로 대우받지 못했다는 생각, 그러나 이렇

다 할 대안이 없다는 현실에 우울하다고 했습니다.

친한 지인들은 Q에게 '어차피 실직자 신세에 아쉬울 게 있느냐'며 제안을 받아들일 것을 종용했습니다. 그 회사에 다니는 다른 친구들에게 물었더니 그들도 모두 비슷한 일을 겪었고 협상을 제대로 하지 못한 채 계약을 마무리했다고 했습니다. 식구들조차 '이렇게라도 마지막 기회가 온 것에 감사하라'고 조언했고요. Q는 이렇게 물었습니다.

"이 숫자가 의미하는 게 무엇일까요? 그 회사가 저의 가치를 저평가했다고밖에 생각되지 않아요. 연봉을 더 줄 것이라고 기대하지는 않았지만 앞자리가 바뀔 것이라고는 상상조차 못했어요."

저는 이렇게 대답했지요.

"이것은 Q의 경력에 대한 성적표가 아니에요. Q의 능력을 평가절하한 게 아니라는 뜻이죠.

숫자를 보지 말고 의도를 보세요. 이것은 순수하게 협상 게임을 제안한 거라고 생각하면 돼요. 20년 경력을 가진 만큼 스스로 몸값을 설명해보라는 겁니다. 쉽게 말해 협상 기술을 테스트하는 거예요.

그러니 지금부터 그 게임을 받아들이고 배팅을 시작하면 됩니다. 잃을 것은 없을 거예요. 최악의 케이스는 협상이 안 돼 지금 오퍼를 그대로 받는 것이고 최고의 케이스는 예전 연봉을 유지하거나 그보다 더 많이 받는 것이니까요. 이 시점에 필요한 게 바로 '스토리텔링'이에요. 왜 새로운 계약서에 지금보다 10만 달러가 오른 연봉이 적혀 있어야 하는지 상대가 매혹할 만한 이야기를 만들어냅시다."

Q의 협상에 필요한 스토리텔링 공식은 4단계로 구성됩니다.

첫 번째는 상실감이 아니라 호기심으로 접근하는 것입니다. 절대 화났거나 격양된 목소리로 소통을 시작하면 안 됩니다. Q의 입장에서는 예상한 것보다 8000만 원이나 낮은 연봉 계약서를 보고 침착한 태도를 유지하기 어려울 수 있겠지만 부정적인 감정과 마음부터 내보이는 것은 옳은 전략이 아닙니다. 나름 최선을 다해서 일하고 있는 인사 팀의 비위를 건드려서 좋을 것이 없으니까요. 정말 강한 수를 던져야 한다면 협상 초반이 아니라 중반이나 후반에 가서 그 카드를 내보여야 합니다. 오히려 지금은 상대가 그 연봉을 제안한 이유와 배경, 논리 등을 최대한 많이 이해하려고 해야 합니다.

두 번째는 예외를 찾거나 예외가 되는 것입니다. Q의 지인들은 그 회사에 입사하기 위해 연봉을 올리기는커녕 오히려 낮췄다고 이야기했습니다. 정말 그 회사를 다니는 모든 사람이 그렇게 했을까요? 분명 예외가 있었을 것입니다. 주변에서 예외 사례를 찾기 어렵다면 내가 최초의 예외가 될 수 있다고 생각하고 방법을 강구하면 됩니다.

대부분이 '그런 사례가 없다'는 말 앞에서 주저앉고 맙니다. 그렇다고 상대에게 어떻게 그런 사례를 만들 수 있는지 물어보면 주도권도 그쪽으로 넘어갑니다. Q는 면밀한 조사 끝에 연봉을 깎지 않고 비슷한 수준으로 맞춰 입사한 케이스를 결국 찾아냈습니다. 인사 팀에 예외를 알고 있다는 말로 협상을 시작한다면 주도권을 가지고 올 수 있겠지요?

세 번째는 상대의 공포를 안도로 바꿔주는 것입니다. 회사에서 Q에게 연봉을 맞춰줄 수 없었던 이유는 회사가 제공하는 스톡옵션이 타 회사에 비해 높기 때문이었습니다. 매달 현금으로 지급하지 않고 회사 주식으로 연봉을 대체한 까닭은 직원들이 철새처럼 금방 떠나버리는 것을 예방하기 위함이었습니다. Q는 직원들의 잦은 이직에 대한 불안감을 가지고 있는 인사 팀을 위해 자신이 20년간 한 직장에서 근속했다는 부분을 강하게 어필했습니다. 이렇게 상대가 느끼는 공포와 불안을 적극적으로 해소해줘야 원하는 것을 얻을 수 있습니다.

네 번째는 시간이라는 레버리지를 활용하는 것입니다. 이 협상에서 인사 팀과 후보자 모두 가장 두려워하는 것은 무엇일까요? 바로 협상이 결렬되는 것입니다. 보통 회사는 적합한 인재를 발견하면 최대한 빨리 채용하고 싶어 합니다. 여러 인터뷰를 거쳐 한 명을 뽑아 최종 근로 계약서까지 만들어 보냈는데 후보자가 변심하면 회사도 곤란할 수밖에 없겠지요? 이것이 구직자 입장에서는 무기가 될 수 있습니다. 연봉이 마음에 들지 않으면 최대한 시간을 끌면서 망설이는 이유를 말해주세요. 그 연봉을 받고 일을 잘할 수 있을지 고민하고 있다는 말을 덧붙이면서요.

이런 공식을 바탕으로 한 Q의 스토리는 어떤 결과를 만들었을까요? 일단 Q는 1번 전략(연봉이 왜 그렇게 책정됐는지 알고 싶다는 호기심이 담긴 이메일)으로 시작하여 3번까지의 전략을 썼습니다. 이메일과 전화로 서로의 입장을 확인하고 좁혀나가려고 노력했습니다. 일주일 뒤, 4000만 원이 오른 계약서를 받았습니다.

인사 팀은 그에게 '해당 직급에서 가장 높은 연봉을 줬다'며 계약서에 서명할 것을 종용했지만 Q는 포기하지 않고 4번 전략을 쓰기로 마음먹었습니다. 전 직장에 맞춘 연봉이 아니라면 결국 이직 가능성을 마음에 품고 일할 수밖에 없게 되지 않겠느냐고 다시 한 번 회사를 설득했습니다. 이틀 뒤 받은 최종 계약서에는 Q가 받고 싶었던 숫자가 찍혀 있었습니다.

이렇게 협상이란 결국 이야기를 꾸리고 말하고 이해시키는 과정입니다. 인터뷰가 끝나고 인사담당자에게 받은 계약서 초안은 절대 최종 계약서가 아닙니다. 우리는 숫자를 보고 너무 쉽게 실망하고 분노하고 포기합니다. 계약서의 숫자가 기대치에서 동떨어져 있다면 지금부터 그 숫자에서 어떻게 이야기를 끌어낼지 고민하면 됩니다.

Chapter 28

스타 퀘스천

질문의 괄호를 새롭게 치는 방법

"요즘 상사로서 직원들에게 무엇을 해줘야 할지 모르겠어요."

최근 새로운 직원을 뽑은 매니저 B는 고개를 절레절레 저었습니다. 20대 중반 신입 사원 다섯 명에게 일을 가르치는데 리더십에 대한 고민이 생겼다고 털어놓았습니다. 어떤 직원은 하나하나 쉽게 설명해주는 것을 좋아하고 어떤 직원은 간단하게 알려주면 혼자서 직접 해보는 것을 좋아하고 어떤 직원은 일대일 미팅보다 팀으로 교육받는 것을 좋아하고 어떤 직원은 팀보다 개별적으로 만나서 고충을 상담하는 것을 좋아한다고 했습니다.

각자 선호하는 업무 방식이 다른 것은 당연하니 부하 직원의 취향을 최대한 반영해 이끌어나가는 것이 상사의 역할 아니겠느냐고 하니 B가 이렇게 대답했습니다.

"하하, 맞아요. 사실 세부적인 것은 제가 챙길 수 있어요. 그런데 그렇게 하다 보니 팀이 너무 개인주의로 흘러가더라고요. 앞으로 이 다섯 명이 하나의 팀으로 일해야 하는 경우가 많아질 것이고 몇 개월 뒤에는 팀끼리 작업을 먼저 시작하고 저에게 검토를 받는 상황도 생길 거란 말이죠.

지금은 각자 입맛대로 제가 맞춤형 식단을 제공해주고 있지만 조만간 식재료를 한 봉지에 넣어줄 거예요. 팀원끼리 스스로 요리를 해낼 수 있도록요. 이 다섯 명의 문제 해결력을 높일 방법은 무엇일까요? 제가 원하는 것은 제가 없을 때도 서로 협력해서 일을 해내는 방법을 깨닫는 것이거든요. 팀원들과 소통하는 팁이 있을까요?"

저는 B에게 다시 물었습니다.

"혹시 팀에게 질문하는 능력에 대해 교육한 적 있나요? 아직 없다면 자원, 감정, 시간, 관계, 환경, 관점이라는 여섯 개 질문 포인트를 활용해서 문제를 새롭게 바라보는 방법을 알려주세요. B의 팀원들 같은 MZ세대는 개성도 강하고 각자 중요하게 여기는 문제도 모두 다르기 때문에 이런 내적 가치를 함께 확인하며 공감하고 성과를 만들어나가는 것이 관건이랍니다. 특히 문제 해결의 원동력을 '상사가 시키니까'가 아니라 '이걸 해결하면 나에게 왜 이로운지'로 바꿔줘야 해요. 이 여섯 개 요소를 '스타 퀘스천'이라고 부르죠."

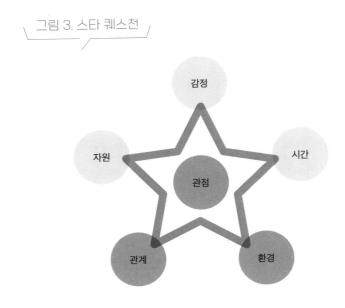

그림 3. 스타 퀘스천

스타 퀘스천을 구성하는 여섯 가지 포인트 중 자원, 감정, 시간은 문제를 풀기 위해 혹은 풀 때 신경 써야 하는 부분을 묻는 질문입니다. 나머지 세 개는 문제를 다 풀고 나면 얻는 혜택에 대해서 묻는 질문입니다. 내 앞에 놓인 문제를 고민거리로 여기지 않고 성장을 가져오는 해결거리로 다시 보게 만드는 질문이지요.

질문에는 방향과 에너지가 담겨 있습니다. 좋은 질문을 구성하는 힘은 결국 좋은 대답을 만드는 기초 체력이 됩니다. 스스로에게 좋은 질문을 던질 줄 알아야 파트너와 상사에게도 그런 질문을 할 수 있습니다. 따라서 먼저 마음속으로 스타 퀘스천에 답해보는 훈련이 선행돼야 합니다. 주어를 '나는'으로 두고 각 영역에 맞는 질문을 시작해보는 거예요. 예를 들면 이렇게요.

1. 자원: 나는 이 문제를 풀 때 나의 어떤 강점과 자원을 이용하면 좋을까? (자신의 개성에 기반을 두고 문제를 해결하는 힘을 기르기)

2. 감정: 내가 이 문제를 풀기 위해 신경 써야 하는 감정은 무엇일까? (문제를 둘러싼 사람들의 마음 혹은 자신의 감정을 둘러보기)

3. 시간: 내가 이 문제를 풀기 위해 어떻게 시간을 마련해야 할까? (문제를 해결하는 데는 시간과 에너지가 필요하다는 것을 깨닫고 시간이 없

다는 핑계 대신 해결할 시간을 마련해보기)

4. 관계: 이 문제를 풀고 나면 어떤 관계가 좋아질까? (회사에 관련된 문
제라면 직장 동료나 상사 혹은 거래처, 업계 사람들에게 인정받을 수 있고 개
인적인 문제라면 주변 사람과 관계가 좋아지거나 자존감이 높아질 수 있음)

5. 환경: 이 문제를 풀고 나면 어떤 것들이 변화할까? (문제가 해결되
면 외부적, 내부적으로 어떤 인정, 성과, 혜택을 받을 수 있는지 상상해보기)

6. 관점: 이 문제를 해결하고 나면 나에게 어떤 능력이 생길까? (발표
능력, 준비 능력, 숫자에 대한 감각, 용기, 분석력 등 어떤 능력이 향상될지
상상해보기)

스스로에게 질문해보며 스타 퀘스천에 익숙해졌다면 이제 팀
에서 이 질문을 주제로 회의를 할 수 있도록 연습합니다. 주어를
'내가', '나는'에서 '우리가', '우리는'으로 바꿔보는 것이지요.

프로젝트가 끝나고 다시 스타 퀘스천을 생각해본 뒤 과거의 답
과 비교해보는 것도 좋습니다. 특히 자원에 관한 항목은 각자의
개성과 강점을 묻기 때문에 당사자와 조직 모두에게 활력을 불어
넣을 수 있습니다. 같이 일하는 타인의 눈으로 자신의 강점과 자
원을 듣게 되면 기분이 좋아질 테니까요. 이런 질문을 서로 묻고

답하는 것만으로도 팀워크에 긍정적인 영향을 미칠 수 있습니다. 모두에게 모든 질문을 던지는 것도 좋지만 여러 사람이 나눠 답하는 것도 괜찮은 방법이 될 수 있습니다. 스타 퀘스천이 팀원들을 어떻게 변화시키는지 기대해도 좋습니다.

용기 있게, 조리 있게,
그것은 인간적인 말하기

"그래서 그날 저녁에 제가 이불킥을 몇 번이나 했는지 몰라요. 나중에 생각해보니 제가 그때 그렇게 말했으면 안 되는 거였더라고요. 만약에 조금만이라도 준비를 해서 상황을 다르게 판단했다면 어땠을까요? 아, 저는 왜 그때 용기 있게, 조리 있게 말을 못했을까요?"

우리의 생김새는 모두 다르지만, 신기하게도 우리의 이야기는 많이 닮아 있습니다. 중요한 미팅, 회의, 거래 등을 앞두고 긴장만 하다가 우물쭈물 시작했던 엉성한 준비력, 예상 외의 반응에 제대로 대처하지 못한 낮은 순발력 그리고 비슷한 실수를 도돌이표처럼 계속하며 무기력에서 헤어나오지 못하는 것까지도요.

이 글은 십수 년 전 사회생활 똑쟁이가 되고 싶었지만 그러지 못했던 한 어수룩한 직장인을 생각하면서 썼습니다. 그 직장인은 나이가 어리다는 이유로, 상사와 성별이 다르다는 이유로, 경력이 짧다는 이유로, 온갖 평계 안에서 자신의 말주변을 늘 탓하면서 좌절하고 있었어요. 언젠가 나이를 먹으면 말을 못해서 겪는 손해를 자연스럽게 만회할 수 있다고 착각했던 그 직장인, 사실은 바로 저입니다.

일을 더 주려고 하는 상사, 연봉을 덜 주려고 하는 회사, 집세를 올리려고 하는 집주인, 내가 가지고 있지 않은 서비스를 요구하는 고객들… 십수 년 전의 저는 이런 사람들 앞에서 아무 말도 못하고 쭈뼛거리고 있었지요.

그뿐인가요? 내 생각과 의도와 다른 지점에 있는 모든 사람들을 다 한통속으로 몰아넣고 '왜 나를 괴롭히느냐'며 우울해하기도 했습니다. 마치 저쪽은 가해자, 나는 피해자와 같은 대립적 관계로만 상대를 보면서요.

서로의 위치와 욕구가 다른 것뿐인데 말이라는 도구를 이용하는 방법을 모르니 그저 참고 견디기만 했습니다. 꿀 먹은 벙어리처럼 입을 닫고 사는 거지요. 부끄럽게도 예전의 저는 그랬습니다. 매일 밤 이불을 차며 '아, 그때 이렇게 말했다면!'을 속으로 외치는 소심한 직장인이었어요.

사회생활은 결국 일과 말의 곱셈이라는 사실을 조금만 일찍 배웠다면 어땠을까요? 아쉽게도 일하는 능력, 말하는 능력은 각각 따로 익혀야 하는 근육이라는 점을 한참이 지나서야 알게 됐습니다. 이 책에 담긴 다양한 사례, 입장 차이와 갈등을 극복하지 못해서 겪게 되는 모든 이야기는 사실 저의 그 시절을 담아내고 있습니다.

코로나로 시작된 비대면 시대, 이제 말의 중요성은 그 어느 때보다 더 높아졌습니다. 물리적 거리감을 극복하게 만드는 방법은 서로의 마음을 아주 가깝게 만드는 것밖에는 없어요.

그럼 몸은 떨어져 있어도 마음은 연결되게 하는 방법은 무엇일까요? 바로 '인간적인 말하기'입니다. 자신과 타인의 입장 차이를 이해하고 요구 뒤편에 있는 욕구를 읽어내는 과정은 지극히 인간적 행동입니다.

그리고 이것은 쉽게 포기하지 않는 마음을 보여주기도 합니다. 모른다, 안 된다고 하는 상대의 마음의 빗장을 열어보려고 시도하는 과정이기 때문입니다. 상대와 나의 위치가 다르다고 해서 꼭 갈등을 겪을 필요가 없다는 뜻이기도 하고요.

말의 공식에는 복잡한 함수나 미적분이 필요하지 않습니다. 초등학생도 얼마든지 할 수 있는 덧셈, 뺄셈, 곱셈 그리고 나눗셈의 원리만 잘 이해하면 돼요. 나와 적대적 위치에 있는, 복잡한 이해관계가 얽혀 있는 사람이라도 이 네 가지 연산만으로 마음을 돌릴 수 있습니다.

어떤 감정을 더해줄지, 얼마큼의 위험을 빼줄지, 어떤 관계를 곱해줄지, 얼마나 이득을 나눌지에 대해서 생각할 수 있다면 이제 여러분만의 말의 공식을 세울 준비가 된 것입니다. 타고난 성격과 기질 그리고 몸담은 영역, 특성에 따라 자신만의 공식을 찾아낼 수 있으면 좋겠습니다. 이 책을 통해 그 기초 작업을 조금이나마 도와드릴 수 있다면 더할 나위 없는 큰 기쁨이겠습니다.

자, 이제 책을 덮고 종이 한 장을 꺼내보세요. 그리고 종이를 두 번 접어 네 개의 칸을 만들어보는 거예요. 그 사분면에 여러분이 지금까지 살펴본 네 가지 부호, +, −, ×, ÷를 쓰고 책을 읽으며 떠올린 키워드를 각각 적어보세요.

무엇을 괄호 안에 둘지, 어떤 셈부터 시작할지 생각하며 키워드를 천천히 들여다보세요. 그 사분면에 새로운 기회와 세상을 열어줄 여러분만의 말의 공식이 있을 것임을 확신합니다.

끝으로 말이라는 도구가 얼마나 인간에게 강력하고 아름다운 도구인지 매일 곁에서 일깨워준, 다섯 살 된 딸 루나에게 고마움을 남깁니다. 부디 바라건대 아이가 나중에 세상으로 나갈 때 이 글들이 따듯한 다독임과 용기가 되길 빌어봅니다.

따듯한 응원을 담아,

쟈스민

말의 공식

1판 1쇄 발행 2022년 2월 18일
1판 2쇄 발행 2022년 5월 6일

지은이 쟈스민 한
발행인 오영진 김진갑
발행처 토네이도

책임편집 진송이
기획편집 박수진 박민희 박은화
디자인팀 안윤민 김현주
마케팅팀 박시현 박준서 김예은 조성은
경영지원 이혜선 임지우

출판등록 2006년 1월 11일 제313-2006-15호
주소 서울시 마포구 월드컵북로5가길 12 서교빌딩 2층
독자 문의 midnightbookstore@naver.com
전화 02-332-3310 팩스 02-332-7741
블로그 blog.naver.com/midnightbookstore
페이스북 www.facebook.com/tornadobook

ISBN 979-11-5851-235-4 03190